OBSERVATIONS

SUR

MONTESQUIEU,

Par M. LENGLET, Av. en Parl. de l'Acad. d'Arras.

Dans les Livres de raisonnement on ne tient rien si on ne tient toute la chaîne.

Déf. de l'Esp. des Loix, IIIme part.

A LILLE,

De l'Imprimerie de la veuve HENRY, rue d'Amiens.

M. DCC. LXXXVII.

LE premier croquis de cet Ouvrage fut envoyé en Juillet 1785, à l'Académie de Bordeaux, fous le titre d'*Eloge*. Il fut *diftingué* : mais l'Académie jugea que l'Auteur *s'était plus occupé de tracer*, *d'après fon idée*, *le tableau de la civilifation*, *que de développer les talens & l'influence de MONTESQUIEU*, *&c.* On a cru fe conformer à ce jugement, en donnant à cet Effai, un peu moins imparfait, le véritable titre qui lui convient.

Les difcutions & les détails qui auraient pu embarraffer le plan & ralentir la marche, ont été mis en notes.

PRÉFACE.

L'Eloge d'un Héros, d'un Ministre ou d'un Roi appartient à l'Histoire. L'histoire d'un Ecrivain est dans ses Ouvrages. Voilà qui suffit bien, ce semble, pour expliquer la défiance ou l'indifférence à peu près générale pour tout ce qui porte aujourd'hui le nom d'*Eloge*. La même raison explique sans doute aussi pourquoi celui de MONTESQUIEU, proposé pour la première fois en 1780, est encore aujourd'hui au concours.

A cette première réflexion, ne pourrait-on pas en opposer une autre?

Attentif à observer la marche & les progrès de l'esprit humain, si quelqu'un, jetant les yeux sur les travaux de l'homme & le lent ouvrage des siècles, voulait nous offrir l'histoire de nos succès, le tableau de nos acquisitions & l'inventaire de nos richesses,

son premier devoir & sa première pen-
sée sans doute , seraient de consacrer
les noms de ceux qui y ont successivement ajouté. Ainsi le seul exposé des
travaux & des pensées d'un petit nombre d'individus , deviendrait l'histoire
de l'espèce même , & cette histoire
serait le plus beau monument érigé au
génie par la reconnoissance.

Le projet d'exécuter en détail un
plan , dont l'ensemble serait bien au-
dessus des forces d'un seul homme ,
semble avoir inspiré & soutenu les
Auteurs de quelques *Eloges* ; & leur
mérite , autant que leurs sujets, les
fera probablement survivre à la foule
des inutilités littéraires.

Au reste , plusieurs Académies ont
commencé , avec raison , à se montrer difficiles sur le mérite des écrits
qu'on leur adresse. Leur désir est sans
doute qu'un ouvrage couronné ap-
prenne quelque chose , soit utile , &
conséquemment qu'il soit lu. Peut-

être on reconnaîtra la même intention dans la manière dont a été conçu le discours suivant, offert à la mémoire d'un grand homme, de celui de nos écrivains dont la réputation, dépendant le moins peut-être du mérite de l'à propos & des circonstances, sera sans doute à la fois la plus universelle & la plus durable.

On a déjà senti qu'un éloge décerné au nom de la postérité par la nation, devait être moins une déclamation qu'un jugement. Le résultat de l'examen d'un bon ouvrage, ne peut être que l'éloge de l'auteur, & cet éloge est le seul digne de lui. Cette idée avait inspiré & dirigé aussi la composition de cet opuscule.

Tout le monde sait que le reproche le plus sérieux que l'on ait fait à l'*Esprit des Loix* est, non pas le défaut de plan, mais les défauts du plan de cet ouvrage, ou plutôt la difficulté de le suivre. Voici, sur ce point, ce que n'a pu

diſſimuler l'auteur d'un éloge de MON-
TESQUIEU , imprimé quelque temps
après ſa mort dans l'*Encyclopédie.*

» Une lecture aſſidue & méditée ,
» dit-il , peut ſeule faire ſentir le mé-
» rite de ce livre. Elle ſervira ſur-
» tout à faire diſparaître le prétendu
» défaut de méthode , dont quelques
» lecteurs ont accuſé M. DE MON-
» TESQUIEU. »

Sans prétendre réconcilier tout-à-
fait avec l'*Eſprit des Loix* , cette
claſſe de lecteurs que la néceſſité d'une
longue méditation a pu & pourra effrayer , il me ſemble que travailler à
éclaircir un plan qui échappe à une attention ordinaire , le rendre à la fois
plus facile à ſuivre & à retenir , épar-
gner enfin du temps & quelques méditations aux jeunes gens , ou même
aux hommes à qui cette étude peut
être le plus néceſſaire , mais trop occupés ou trop diſtraits d'ailleurs , ſerait
la ſeule manière de juſtifier MONTES-

QUIEU, & la meilleure réponse aux critiques injustes ou peu réfléchies que l'on a répétées en différens temps contre son ouvrage. C'est ce qu'a senti sûrement aussi M. d'*Alembert*, qui a joint à son éloge une analyse de l'*Esprit des Loix*, aussi bien faite qu'elle pouvait l'être par un écrivain, distingué sur-tout par le talent d'embrasser & de classer à la fois beaucoup d'objets, mais qui n'avait pu faire de l'étude des Loix son occupation principale.

Il a suivi MONTESQUIEU pas à pas, &, pour ainsi dire, chapitre par chapitre. Ce n'est pas là ce que j'ai entrepris. J'ai cru que pour faire bien connaître l'*Esprit des Loix*, il fallait moins s'attacher encore au plan de l'auteur, qu'à l'ordre des choses, qu'on pouvait quelquefois s'éloigner du premier quand il s'éloigne de l'autre, & qu'on jugerait beaucoup mieux ce qu'il a fait en voyant tout ce qu'il avait à faire. J'ai osé penser enfin que ce travail, exécuté comme je l'avais conçu, pourrait servir d'introduction à la lecture de cet ouvrage célébre.

L'Académie de Bordeaux a paru défirer quelque chofe à ce plan, & elle a dû trouver bien plus à défirer encore à l'exécution. Elle paraît fur-tout avoir jugé cet opufcule fur ce qui lui manquait. Je fouhaite que le public tienne compte à l'Auteur de ce qu'il y a mis. Au refte on a tâché de diminuer autant qu'il était poffible, les défauts inféparables d'une première compofition ; on a refferré, élagué même ce qui appartenait plus à l'Auteur qu'au fujet. On a regretté que ce même plan n'ait pas permis de montrer plus fouvent dans MONTESQUIEU l'homme de bien, l'homme aimable, non moins intéreffant peut-être que l'homme de génie. Mais c'eft par fes écrits fur-tout, qu'il a bien mérité de l'humanité. C'était donc l'Ecrivain qu'il s'agiffait d'apprécier.

OBSERVATIONS
SUR
MONTESQUIEU.

---

*Dans les Livres de raisonnement on ne tient
rien si on ne tient toute la chaine.*

Déf. de l'Esp. des Loix, III.ᵐᵉ part.

FAut-il des éloges au grand écrivain qui
a empreint son âme & son génie dans ses
ouvrages?

Que la patrie d'un grand homme se croie
plus spécialement chargée de la reconnaissance publique envers un bienfaiteur de
l'humanité, qu'elle regarde comme une
dette, ces tribus offerts à sa cendre, qu'au

A

plaisir de s'aquitter, s'unisse peut-être le désir de participer en quelque chose à sa gloire..... Révérons ces sentimens & cette sainte institution; félicitons à la fois notre nation & notre siècle, de la justice rendue solemnellement & tour à tour, à l'héroïsme & au génie, aux utiles travaux & aux actions brillantes, aux grands talens & aux grandes vertus.

Oui, que les citoyens de chaque contrée, s'occupent à compter les hommes qui illustrerent leur patrie, que la postérité s'empresse d'offrir à leurs mânes, cette publique expiation des torts ou de l'oubli de leurs contemporains; espérons que ces exemples pourront diriger vers le bien commun, l'activité de quelques esprits énergiques, développer le germe de quelques génies naissans, destinés peut-être à s'ignorer toujours, qui le sait? consoler même ou sauver du découragement, quelque homme isolé, luttant contre l'envie.

Mais, n'est-il pas des noms & sur-tout un genre de mérite également au-dessus des éloges? Et quel monument ériger à la gloire de MONTESQUIEU , qui soit plus durable que L'ESPRIT DES LOIX , LES CONSIDÉRATIONS SUR LES ROMAINS , LES LETTRES PERSANES?

Faut-il avertir la nation de ce qu'elle doit à l'auteur de ces immortels monumens, que l'Europe nous envie ? Faut-il démontrer la supériorité de lumières, la sensibilité, l'imagination, le génie qui ont dicté ces chef-d'œuvres, compter toutes les grandes vérités, les vues neuves & profondes qui y font répandues, & qui doivent éclairer tous les siècles? Quels écrits enfin recommanderont mieux le nom de ce grand homme, à la postérité, que ses propres ouvrages ?

Telles font les réflexions qui ont peut-être arrêté jusqu'ici, quelques écrivains, dignes d'apprécier & de louer MONTESQUIEU.

Mais indépendamment des éloges si inutiles à sa mémoire, ne seroit-il pas en effet une manière d'honorer son nom, & de servir sa gloire, en contribuant à augmenter l'utilité de ses écrits ?

Personne n'ignore que MONTESQUIEU, a porté le flambeau du génie, sur des *amas de ruines* ; mais toutes les parties de ce

vaste cahos, ont-elles été également éclairées? Celui qui fait les premiers pas dans
une terre nouvelle a-t'il le temps d'en recon-
naître toutes les parties, d'en ouvrir ou
d'en dessiner toutes les routes? Obligé de
fouiller une mine profonde, l'Auteur de
l'esprit des loix a-t'il eu l'avantage de dis-
poser ses riches matériaux, sur le plan le
plus simple, de les distribuer dans l'ordre
le plus propre à en faire sentir le prix,
d'achever enfin le vaste & superbe édifice
qu'il avait imaginé? Voilà peut-être des
questions dont l'examen ne serait inutile
ni à ce grand homme, ni à ceux qui doivent méditer ses ouvrages, ni à la postérité qui doit en recueillir le fruit.

L'homme modifié par la nature & par les
loix, par les puissances supérieures & par
lui-même; tel fut l'objet des méditations
de MONTESQUIEU, tel fut le sujet qu'il
embrassa le premier dans toute son étendue,
& sur lequel son génie a dirigé & fixé l'attention générale. Son éloge ne pouvant
être que l'histoire de ses pensées, ne peut
donc être en même temps, que *l'histoire de*

l'homme. Quel écrivain s'occupera désormais de cette grande étude, sans faire hommage à l'Auteur de l'esprit des loix, & des lumières qui auront assuré sa marche & de l'impulsion-même qui l'aura dirigé ? Mais peut-être aussi l'écrivain capable d'achever cet important ouvrage, serait seul digne de juger & de louer celui qui l'a tant avancé.

Tracer au moins le plan général & raisonné de cette histoire, en la suivant rapidement dans toutes ses parties, indiquer celles que l'Auteur a dévelopées ou seulement crayonnées, montrer ce qu'on avait fait avant lui & ce qu'il a laissé à faire, telle serait sans doute la meilleure manière d'assigner à MONTESQUIEU, le rang qu'il doit tenir parmi les hommes de génie. Si en suivant & crayonnant ainsi sa marche, j'avais occasion de développer quelques principes qu'il n'a fait qu'indiquer, de marquer d'avantage des distinctions qui n'ont pas été apperçues, de rapprocher ou de lier certaines parties, en remplissant les vides qu'il a laissés quelquefois entr'elles, & d'éclairer ainsi l'une par l'autre, peut-être ce travail contribuant à faire mieux faisir l'ordre & l'ensemble de ses ouvrages , ne ferait pas un vain hommage rendu à la mémoire de leur Auteur; peut-être cet éloge ferait le plus digne à la fois de lui , & de la France qu'il honore , & du corps illustre & favant, qui s'eft rendu l'interprète de l'Europe & de la nation.

Note pre-
mière.

Nous nous croyons difpenfés de répéter ici ce que tout le monde peut lire dans les feuls mémoires, que nous foyons à portée de confulter en ce moment, fur la naiffance & les premières années de MONTESQUIEU , fur la manière dont il s'annonça dans le monde, comme homme & comme citoyen. Nous laifferons à ceux qui aiment à faifir au milieu des jeux , des études & des goûts de l'enfance, les premiers traits du caractère & les premières étincelles du talent, le foin de bâtir fur quelques anecdotes incertaines, des conjectures plus ou moins ingénieufes. Nous avons bien plus que toutes ces données obfcures , pour nous aider à fuivre le développement de fon âme, l'ordre & l'enchaînement de fes idées, & à furprendre, s'il eft poffible, le fecret de fon génie.

Tout prouve que MONTESQUIEU, fut attiré de très-bonne heure vers les grandes méditations qui occupèrent fa vie, & qu'il commença très-jeune à raffembler, à claffer les matériaux des écrits qui devaient un jour l'illuftrer. Ses premiers pas dans le monde, fes premiers engagemens envers la fociété, l'arrêtèrent néceffairement, aux premiers objets que le hafard ou les projets de fa famille, préfentèrent à fa réflexion; & fans doute auffi fes premiers efforts ne tardèrent pas à y fixer fon goût.

Quelle devait être la première penfée d'un jeune homme jeté avec toute la curio-fité, toute l'ardeur & l'inconftance de cet âge, au milieu de cet océan de loix ancien-nes & modernes, étrangères ou indigènes, affermies ou abrogées par le temps? A tra-vers cet amas de textes, de glofes, d'or-donnances, d'arrêts, de coûtumes, de compilations, d'opinions, de commentaires, & de tout ce fatras honoré du nom de législation ou de jurisprudence, & qui en effet en tient lieu depuis si long-temps, aux nations les plus éclairées de l'univers?

Si le premier coup-d'œil dut l'effrayer, le second lui fit sentir sans doute la nécessité de dévorer une fois ces immenses volumes qui ont si long-temps surchargé la raison & décrédité la justice; de porter le feu dans ces inextricables ronces, qui en embarrassent toutes les avenues. Sans doute aussi quelques traits de lumière au milieu de cette nuit profonde, lui firent entrevoir la possibilité d'enlever enfin ces décombres entassés par les siècles, pour préparer la place à un édifice régulier. De nouveaux devoirs & de nouvelles idées, durent bientôt concourir à lui en donner le projet, & Note 2. à lui en inspirer le courage.

Obligé déformais par état à chercher chaque jour à travers ce cahos, les règles qui doivent décider du fort des humains, il fallait bien trouver un fil pour se diriger dans ce dédale immense, il fallait remonter aux principes des loix, il fallait étudier l'homme pour qui elles sont faites, l'ob-

ferver fous tous les points de vue, le con-
fidérer fous tous les rapports.

Dominé par cette première penfée, il
la porta ou la retrouva par tout, y ra-
mena tout, les hautes fciences, les arts
agréables, les livres & la fociété, fes
devoirs & fes plaifirs. Promené fucceffivement fur les divers théâtres de la faibleffe
& de l'inquiètude humaines, il porta juf-
ques dans le monde le plus frivole, cet
efprit d'obfervation à qui rien n'échappe, ce
tact heureux, qui faifit également les grands
traits de la nature, & les plus fines nuances
des couleurs ou des formes fociales. Il ob-
ferva donc tour à tour, le jeu des grandes
& des petites paffions, d'abord fur cette
fcène mobile dont tous les acteurs ne paraiffent raffemblés que pour plaire, où tous
les goûts, toutes les prétentions, tous les
caractères, raprochés par l'ennui, femblent
tous concourir à un feul objet : trouver le
plaifir ou fe débarraffer du temps. De ces
tableaux plus ou moins variés, le devoir
le ramenait fur cette arène plus fombre,
où s'agitent, fe croifent, fe heurtent & fe

combattent à découvert , tant d'intérêts &
de paffions oppofés. Mais fatigué bien-tôt
dn fpectacle de cette lutte obfcure, mono-
tone & bruyante , fa penfée s'élevait enfin
à ce grand théâtre des pays & des fiècles ,
où les nations ont donné fi fouvent & ne
ceffent de répéter encore, des fcènes fi
cruelles.

A chaque pas qu'il a fait , fes idées fe
font étendues , fon horizon s'eft agrandi ,
& de la hauteur où il plane en ce moment ,
déjà il ne voit plus que dans l'éloignement
le point d'où il eft parti.

Méditant & crayonnant dans le filence ,
jamais fans doute l'empreffement de fe montrer , ne hâta fon travail & n'ajouta en lui
à l'ardeur de s'inftruire. MONTESQUIEU,
avait trente-deux ans quand il céda au defir
de confulter le public & de connaître le
fecrèt de fes forces. Perfonne n'ignore le
fuccès de ce début , & combien de genres
d'efprit il annonça.

Qui n'a pas en effet reconnu l'empreinte
du génie & l'élans d'une grande âme , dans
cet amufement de fa jeuneffe, où fe trou-

vent réunies à la fois toute la gaieté, la
grâce & la vigueur de cet âge, dans ce
livre ingénieux, où il peint à traits si
hardis, les mœurs de deux grandes portions de l'espèce humaine, raprochées par
des chemins si différens de la perfection ou
de la corruption sociales, ou seulement,
si l'on veut, également éloignées de la nature? Personne n'ignore quelle sensation
produisit cet ouvrage. Tout le monde a
senti le mérite de cette foule de portraits
saillans, d'observations également délicates
& vraies, auxquelles un demi-siècle n'a
encore rien ôté de leur finesse & de leur
fraicheur. Mais au milieu de ces tableaux
de nos folies, si rians, si variés, si piquans,
sur-tout par leur contraste avec les opinions, les mœurs & les folies asiatiques,
quels traits de lumière, quelles vûes grandes
& neuves, viennent étonner le lecteur frivole, & décéler l'observateur profond &
occupé des plus grands objets!

Au reste, cet ouvrage n'est pas le seul
où le grand homme ait sacrifié aux grâces.
Il a laissé quelques autres opuscules, tous

marqués plus ou moins du sceau de l'origi-
nalité & du génie, & qui, s'ils ne sont pas
ses premiers titres de gloire, n'ont pas le
moins contribué peut-être, à augmenter sa
célébrité, & à répandre son nom. Quelle
femme en effet, n'a pas lû le *Temple de
Gnide*, *Arsace*, *& les lettres Persannes*.

MONTESQUIEU, avait observé autour de
lui, l'homme en détail, & sous différens
rapports; il avait vu le genre humain agir
en grand & par masses sur le théâtre de
l'histoire, mais il n'avait vu que par les
yeux d'autrui: convaincu qu'on est très-
éloigné de trouver tout dans les livres, il
résolut d'observer par lui-même, & de voya-
ger. Jamais philosophe sans doute, ne mérita
mieux d'être comparé à ces sages célébres,
qui après avoir quitté leurs foyers, pour
aller mettre à contribution l'expérience
de tous les peuples, revenaient donner
des loix à leur pays. Malheureusement
MONTESQUIEU, ne fut pas législateur, & il
ne devait exercer que le pouvoir des talens
& l'autorité du génie.

Note 3.   Il acheva donc de rompre les liens qui

le retenaient encore ; il renonça au droit d'interpréter les loix, de prononcer sur le sort des hommes, de balancer leurs intérêts privés, pour aller interroger les nations, & méditer sur les grands intérêts de l'humanité : admis à l'académie françaife, malgré des tracafferies, dont pour l'honneur de la France, nous devons nous hâter de perdre le souvenir, il partit & commença fes voyages par l'Allemagne.

Mis en mouvement par le befoin, l'avarice ou l'inquiètude, le commerce a ouvert & établi des communications entre tous les points du globe. Les négocians de chaque pays, vont demander à d'autres nations, des richeffes inconnues, des jouiffances nouvelles. Mais le philofophe, le fage, que va-t'il y chercher ? Sur cette grande queftion confultons un fage, & fuivons MONTESQUIEU.

Quel théâtre s'ouvre tout à coup devant lui ! quelle foule de richeffes vont s'offrir à un voyageur déjà enrichi de tant de connaiffances & de lumières ! quelles impreffions, quels fentimens doivent affaillir à la fois

l'obfervateur inftruit méditant fur la defti-
née du genre humain, marchant par tout
au milieu des tombeaux de cent générations
éteintes , & foulant les débris de vingt
empires renverfés ! que d'idées, que de
fouvenirs chaque pas & chaque objet vont
réveiller ! que de révolutions , chaque
ruine, ou chaque monument lui rapelle !
c'eft *Licurgue* ou *Platon*, *Pitagore* ou *Tacite*,
revenus fur la terre, paffant de furprife en
furprife, raprochant ce qu'ils voyent , de
ce qu'ils ont vû, comparant les temps &
cherchant envain les traces de ce qui
exifta.

Que de révolutions en effet , ont méta-
morphofé chaque pays , dans l'intervale de
vingt ou trente fiècles ! des nations inconnues forties de leurs forêts , & fuccèdant à
des nations célébres ; les arts embéliffant
de leurs chef-d'œuvres & de leurs richeffes,
des contrées long-temps fauvages ; d'autres
pays, illuftrés autrefois par les prodiges
de l'héroïfme & du génie, ftériles aujour-
d'hui , abandonnés par l'homme , dégradés
par la ftupidité , l'ignorance , dévorés &

flétris par le despotisme ; la postérité des
maîtres du monde , avilie dans un obscur
esclavage ; les arts à côté de la superstition
& de la servitude ; la lumière & la barbarie,
l'esclavage & la liberté distribués au hasard
sur la terre ; des nations policées , envi-
ronnées de nations encore barbares : quelques peuples sortis à peine de l'état sauvage ,
faisant les premiers pas vers la civilisation ;
d'autres s'élançant rapidement vers la perfection sociale , ou se corrompant par degrés, joignant la dépravation des mœurs ,
aux lumières ou à l'ignorance, & s'appro-
chant plus ou moins de leur dissolution ;
enfin, quelques points éclairés , entourés
de nuages , tel est l'état de la terre & du
genre humain : telle est son histoire, dont
nous retrouvons quelques monumens &
quelques témoins autour de nous.

Dans cette fermentation , dans cette agi-
tation universelle , au milieu de tant d'efforts
opposés & de mouvemens contraires , quel
peuple a le plus approché du but général ?
Lequel a su atteindre la situation la moins péni-
ble & saisi les meilleurs moyens de s'y fixer ?

Le même fort peut-il convenir à l'homme
de tous les temps & de tous les pays ? Les
mêmes remèdes font-ils également aplicables
à toutes les maladies morales ? La nature
elle-même à-t'elle travaillé par-tout, fur
un plan uniforme ? Quelles font enfin les
meilleures inftitutions, les meilleures loix,
le meilleur gouvernement ?

Quel homme était plus digne que
MONTESQUIEU, de difcuter & de réfoudre
ces grandes queftions ? C'eft en parcourant
la portion la plus éclairée du globe, c'eft
au milieu des nations nouvellement formées,
ou dépofitaires des monumens les plus pré-
cieux, c'eft chez les peuples les plus polis,
ou les plus fimples, les plus induftrieux ou
les plus fiers, qu'il obferve l'influence réciproque des mœurs fur les loix, des loix fur
les mœurs, & des unes & des autres fur
le bonheur.

L'homme eft aujourd'hui bien loin de
fon état primitif ! quel échafaudage d'inftitutions, de loix, d'établiffemens ! que de rapports nouveaux, que de liens & de devoirs
ajoutés à ceux que la nature avait établis !
que

que d'efforts pour modifier & défigurer son ouvrage ! eh ! contre qui tant de précautions ? Quoi ! de tout temps l'homme a-t'il trouvé un ennemi dans son semblable ! n'a-t'il pu se procurer la paix qu'avec cet appareil ? Et qu'est-ce que tous ces efforts ont produit ? Cet état de guerre où se trouvaient, dit-on , les premiers habitans de notre globe , a-t'il au moins fait place à un état plus tranquille ? Y a-t'il moins de fermentation , moins de-querelles , plus de repos , moins de défiance entre les individus enchaînés par les loix , qu'entre les sauvages armés par la nature ? Si la société fut , comme on l'affure , une confédération entre les faibles , contre les plus forts , les premiers ont-ils atteint leur but ? Après tant de ligues & de traités contre la violence & l'injustice , avec tant de conventions pour prévenir les effets de l'inégalité individuelle , la faiblesse en est-elle moins par-tout le jouet de la force , & celui-ci dupe de la ruse ? Autrefois les individus, les familles se heurtaient , se détruisaient en détail. Depuis, les nations se sont rassemblées &

B

battues en corps. Qu'a donc gagné l'homme à cette affociation qui lui coûte d'ailleurs de fi grands facrifices ? Que lui ont produit fes traités, fes conventions, fes loix, & toutes ces vaines précautions oppofées par l'intérêt commun, à tous les intérêts perfonnels ?

Ainfi fans doute le raprochement des ufages & des mœurs, la variété des opinions & l'uniformité des malheurs, élevait MONTESQUIEU, jufqu'à l'origine de toutes les inftitutions humaines; il en recherchait les caufes, & comparant leurs effets avec leurs motifs, il tâchait de démêler les intentions de la nature à travers les monumens de nos erreurs & de notre faibleffe.

Ces grands objets font bien dignes fans doute, d'exercer les fages de tous les temps, & de fixer & d'échauffer le génie. Ce font là auffi, fur-tout depuis quelques jours, ceux auxquels l'efprit humain femble enfin vouloir s'attacher de préférence.

On avait, avant MONTESQUIEU, difcuté plufieurs queftions importantes fur les droits & les devoirs de l'homme, fur les rapports des Princes aux fujets, & des nations entr'elles. *Bodin* en France , *Grotius* en Hollande , & *Puffendorf* en Allemagne , avaient commencé il y a deux siècles, à rassembler quelques conjectures sur l'origine de tous les droits , sur les motifs & sur les clauses des premières associations , sur la propriété, la dépendance & sur l'autorité. En méditant sur les premières conséquences de ce droit affreux de la guerre , ils avaient soumis à l'examen , quelques-unes de ses maximes, à la fois les plus universelles & les plus terribles ; au milieu du fracas meurtrier , & de l'appareil effrayant des armes , ils avaient essayé de placer le fantôme de la justice , espérant peut-être consoler l'humanité & adoucir le sentiment de ses maux, en lui montrant quelques-uns de ses titres. Mais tous trois , en discutant les droits de l'homme , semblaient s'être un peu trop défiés du pouvoir de la raison, & l'avoir trop subordonnée à l'autorité des opinions & de l'habitude. Voilà pourquoi , au lieu d'un enchaînement de propositions claires & de conséquences évidentes , on trouve souvent dans ces ouvrages volumineux, tant de choses qui n'y semblent placées, que parce qu'elles l'ont été ailleurs, tant de grandes vérités affaiblies par le genre de preuves dont elles sont étayées. D'un autre côté, le mauvais goût & la mauvaise philosophie de leur siècle, avaient surchargé leur sujet de questions métaphysiques aussi frivoles que difficiles, & avaient plus ou moins défiguré leurs écrits.

Machiavel, avant eux avait médité l'histoire en philosophe, & l'avait écrite en homme d'état, en politique; mais il avait presque généralement deshonoré son nom & son génie, par un systême d'oppression, par un code de tyrannie, dont l'horreur & l'atrocité même, lui ont fait supposer des intentions tout opposées à celles qu'il semblait annoncer. Exalté dans des méditations plus sublimes, & enveloppé d'une obscurité plus profonde, *Hobbes*, avoit laissé des écrits moins lisibles & une réputation non moins équivoque. D'autres spéculateurs avaient peu ajouté au petit nombre de vérités que l'on devait à ces premiers écrivains. Enfin plus près de nous, dans ce

même pays où les droits de l'homme ont
été si bien connus & si noblement discutés,
Locke, avait porté sur quelques parties du
droit naturel & politique , cet esprit de
justesse & d'analyse , qu'il avait exercé d'a-
bord sur des objets moins importans, & qui
fit la fortune de quelques écrits moins
utiles : & même , le premier d'entre les
philosophes modernes , il avait eu la gloire
de dicter les loix d'une société naissante.

MONTESQUIEU , après avoir vu tout ce
qu'on avait écrit, vit qu'il restait encore
beaucoup à examiner, & sur-tout à faire.

Plusieurs de ces hommes célébres, dans
le cours de leurs méditations , avaient apperçu & montré le terme où doivent
tendre désormais les recherches des spéculateurs , ou plutôt les efforts de ceux qui
peuvent réaliser leurs rêves sublimes ; per-
fectionner les sociétés , atteindre enfin l'objet
de toute association , c'est-à-dire , *le plus
grand bonheur du plus grand nombre* ... Quand
ces grandes vues seront - elles remplies ?
MONTESQUIEU , reconnut bientôt , que pour
marcher un peu plus sûrement vers ce but,

nous devions commencer par rassembler &
comparer les monumens de toutes les nations, & recueillir enfin toutes les leçons de
l'expérience. Son objet ne fut donc point de
tracer le plan du meilleur gouvernement ou
le meilleur système de législation possible :
il est probable que ce meilleur système
possible ne conviendrait à personne. Il sentit
que le seul travail utile & raisonnable,
serait de chercher ce qui peut être le
mieux, pour tel pays ou tel peuple ; &
embrassant à la fois, tous les peuples &
tous les pays, il entreprit de tracer l'histoire de tout ce qui est, & de ce qui fut,
de peindre enfin l'espèce humaine, dans
toutes les positions & sous tous les rapports.

Ainsi, distinguer par-tout l'ouvrage de
la nature & l'ouvrage de l'homme, recher-
cher l'origine & indiquer les raisons de tant
de variétés locales ; parmi la foule des
nations qui se disputent la terre, ou qui
ont disparu de sa surface, désigner celles
qui ont le plus avancé vers le but commun,
& se sont le moins trompées sur les moyens,
les différentes routes qu'elles ont suivies,

les conféquences & la durée de leurs éga-
remens, ce que leur ont coûté & leurs
acquifitions & leurs méprifes; montrer
comment les richeffes, la liberté, le pouvoir ont été par-tout inégalement répartis,
les circonftances qui ont favorifé ou affermi
les plus mauvaifes loix, les abus les plus
abfurdes, les gouvernemens les plus monf-
trueux & les plus contraires aux droits de
l'humanité; à l'égard de ceux ci, expliquer
l'énigme de leur durée, & indiquer le terme
de leur exiftence, tracer enfin *l'Hiftoire des
Loix*, c'eft-à-dire, la partie la plus importante de l'hiftoire de l'homme, tel fut le Note 5.
projet de MONTESQUIEU. Les *climats*, les
terreins, les dons de la terre & les fupplé-
mens de l'induftrie, les befoins de l'homme
& fes reffources, fes devoirs & fes droits,
les fruits lents de l'expérience & les créa-
tions du travail, tels font les données
qu'il a raffemblées dans un feul cadre;
tel eft le tableau qu'il a peint prefque en
entier, & dont quelques fiècles de plus,
nous apprendront bien mieux peut-être, à
juger & fur-tout à compléter l'exécution. Note 6.

Pour connaître sûrement ce que l'homme peut faire, où son activité doit se diriger, jusqu'où il peut aller, & les limites de ses espérances, il faut bien s'assurer avant tout, des intentions de la nature à son égard, connaître le rôle qu'elle lui a destiné, & toutes les ressources qu'elle lui a fournies.

L'Espèce humaine, dispersée sur ce globe si varié par sa température, ses aspects & ses productions physiques, étonne & doit souvent étonner, par ses variétés & par ses contrastes; mais elle a aussi quelques attributs communs, quelques loix générales.

Se conserver & se reproduire, telles sont les loix imprimées à tout être vivant; voilà où se réduisent les véritables besoins de l'homme; & de-là dérivent à la fois ses premiers droits & ses premiers devoirs. La nature n'a mis de différences à cet égard, dans les climats différens, que du plus au moins.

Il est évident que toute espèce animale, doit se multiplier par-tout en raison des moyens de subsistances. Doué d'une constitution qui s'accommode sans peine à tous les alimens, à toutes les températures, l'homme a dû se multiplier & s'étendre beaucoup plus que toute autre espèce, & par sa multiplication même, les resserrer enfin, les réprimer ou les subjuguer toutes.

Plus rares près des pôles, les végétaux, les animaux & les hommes, semblent jettés avec profusion sous la zone torride. Dans ce climat, l'homme a moins de besoins, plus de ressources, & conséquemment moins d'intelligence & moins d'énergie. (*a*) Pour lui le bonheur est dans le repos; & l'inertie deviendrait son état naturel, si l'imagination ne suppléait aux autres mobiles, & si la chaleur, qui rend presque nul à son égard, le premier des besoins, n'augmentait & n'exaltait l'énergie d'un autre sentiment, qui devient l'âme de son être & le principe de son activité.

C'est là en effet, c'est sous le ciel embrasé des tropiques, que tous les mouvemens sont des transports, les inclinations des accès, que tous les desirs sont des fureurs; c'est là que la passion de l'amour

***

(*a*) L. XIV.

est brûlante , & participe en quelque sorte
à l'ardeur du climat ; là tous les sentimens
qui tiennent à cette paffion , s'exaltent par
les obftacles & produifent des explofions
effrayantes ; là l'indifférence eft inconnue ,
la haine auffi extrême que l'amour , & la
jaloufie , armée de poignards , produit des
vengeances fréquentes & terribles. Mais ces
accès ne font que des éclairs. Après le
moment de crife , le malade que la fièvre
abandonne , retombe dans le fommeil &
l'apathie.

Note 7.

Ainfi , pour l'homme du nord , vivre eft
le premier befoin ; mais pour l'habitant du
midi , aimer & jouir font la même chofe
que vivre ; le befoin de fe conferver eft
prefque fubordonné à celui-là.

Telles font les grandes différences établies
par la nature , & qui doivent fervir à
expliquer dans l'homme , tant de bizarreries
& de contradictions en apparence inexpli-
cables. Tâchons de faifir avec MONTESQUIEU ,
les premières conféquences de ces premiers
faits ; & d'abord , obfervons l'influence des
climats fur l'efpèce humaine , dès fes premiers pas vers la *civilifation*.

Il ne faut pas espérer avec une seule supposition, expliquer l'origine de tant de sociétés & d'institutions différentes, ni prétendre tout éclaircir en ramenant tout à une seule hipothèse. Eh ! pourquoi des hipothèses ? Pourquoi ne pas se borner aux faits ? Pourquoi vouloir remonter au-delà des monumens, & chercher l'homme ailleurs que dans l'histoire ? Qui sait même si, commançant par jetter les yeux autour de nous, nous ne trouverions pas dans tout ce qui existe, quelques instructions plus certaines, & des lumières plus sûres que dans les annales effacées des temps qui ne sont plus. (n. 9.)

Entourés de toutes les richesses de la nature ; avec très-peu de besoins, trouvant presque sans travail tous les moyens d'y pourvoir, on conçoit que les habitans du midi, ceux qui vivaient sur les bords de l'*Euphrate*, ou du *Gange*, ou du *Nil*, ont dû être plutôt fixés, & se sont trouvés naturellement réunis par leur position même ; & c'est relativement à ce climat, sans doute, que MONTESQUIEU pouvait

Premiers Effets.

Civilisation.

Note 8.

dire : *l'homme est né en société, & il y est resté.*

Difperfés en troupes dans les vaftes forêts du nord, multipliés plus tard, & cependant plus refferrés dans de plus grands efpaces, accoutumés par le befoin & par le climat, à une vie plus active & plus dure, faifant une guerre continuelle aux animaux fauvages, pourfuivant fur de vaftes ter-reins, une proie toujours fugitive, les peuples placés plus loin du foleil, fe ren-contrèrent & fe heurtèrent fouvent & long-temps avant de s'unir ou de fe fixer, fentirent plus tard la poffibilité de fuppléer à l'avarice de leur fol, par la culture, & confervèrent auffi plus long-temps, l'habi-tude & le befoin de s'entre-détruire.

Les loix & l'induftrie, la police & les arts paifibles, ont dû fuivre à peu-près la marche & les progrès de la population. Nés comme l'homme, au milieu de l'abondance & fous le ciel le plus doux, tranfplantés de leur pays natal, perfectionnés par d'autres peuples traités moins biens par la nature, & qui ne les euffent peut-être jamais in-

ventés , ces heureuses productions de la
patience ou du génie , s'avançant lentement
& s'enrichissant dans leur course, ont été
portées enfin jusqu'aux limites du monde ,
& sont allées féconder des terreins autrefois inaccessibles à l'homme.

Telles sont à peu-près les conséquences
les plus générales & les plus sensibles de
la différence des *climats* : & cette seule
observation de Montesquieu , explique
pourquoi dans notre continent, le midi de
l'Asie , depuis un temps antérieur à toutes
les traditions, est partagé en grands corps
de peuples , tandis que le nord est encore
divisé en hordes toujours armées & toujours
errantes ; voilà pourquoi les rives corres-
pondantes de la méditerranée , sont civilisées
& éclairées depuis si long-temps , tandis que
l'agriculture, les loix & les arts , en Russie ,
dattent à peine du commencement de ce
siècle. Voilà pourquoi au nouveau monde
les seuls peuples qui eussent fait quelques
pas vers la civilisation, les arts & le despotisme , les seuls empires qui eussent
acquis quelque consistance & quelque éten-

due, fe trouvent fous la zone torride; voilà pourquoi peut-être les habitans des deux extrémités du globe, incapables même de recevoir & d'adopter les loix & l'induftrie des autres peuples, uniquement occupés de leurs premiers befoins, & réduits à un très-petit nombre de moyens de fubfiftance, refteront éternellement *fauvages* ou *barbares* (a).

L'hiftoire du genre-humain nous montre donc fur tout le globe, la marche & les progrès de la population, de la civilifation, des lumières, fuivant à peu-près celle du foleil, les fciences & les arts, gagnant infenfiblement du midi au nord, s'arrêtant à une certaine latitude, qu'ils paraiffent deftinés à ne jamais franchir.

Outre cette grande & importante diftinctions des *climats*, il faut encore en obferver une autre, qui par-tout modifie la première, & n'a pas moins d'influence fur les befoins, les richeffes & les forces de

____

(a) Tels font les *Iflandais*, *Groënlandais*, *Efquimaux*, *Lapons*, *Samoyedes*, *Kamshadales*, les hommes du Détroit de *Magellan* & de la *Terre de feu*.

l'homme, sur sa population & son industrie.
C'est la différence des *terreins* (*a*).

L'organisation physique du globe, a pro-
digieusement varié & modifié toutes les
espèces qui l'habitent, & sur-tout la nôtre.
Des révolutions plus ou moins anciennes
& plus ou moins étendues, des fermentations, des convulsions plus ou moins profondes, ont ébranlé & sillonné sa surface.
Ces terribles jeux de la nature, ont détaché
& isolé des masses plus ou moins grandes,
rapproché dans de petits espaces les
températures les plus différentes, les climats
les plus opposés. Une simple montagne a
séparé la zone glaciale & la zone torride,
a réuni à la fois toutes les saisons & tous
les fruits de la terre. On a vu sous l'équa-
teur des neiges éternelles & les productions
assignées exclusivement à la même latitude,
se sont retrouvées à trente & quarante
degrés de distance. L'homme n'a pas dû
échapper à ces influences puissantes; &
dans tel climat tempéré, l'habitant de la
montagne & celui de la plaine se sont trou-

____

(*a*) L. XVIII.

vés par les goûts, le caractère, par la force
& les mœurs aussi différens entr'eux, que
le *Tartare* ou l'*Indien*, le *Péruvien*, l'*Iroquois*, le *Batave* ou l'*Arabe*.

Les mêmes causes physiques 'ont aussi
séparé & classé les nations, ont élevé
entr'elles d'effrayantes barrières, ou facilité
leur communication réciproque.

De cette nouvelle différence dans les
productions de la nature, & dans les ressources de l'homme, en résulte nécessairement dans l'industrie & la population.

Population.

Quelques troupes de chasseurs, peuvent
subsister à peine dans de vastes forêts, sur
les hauteurs du globe. Des familles plus
nombreuses tendent des pièges aux poissons,
sur les bords de la mer ou des fleuves, ou
conduisent de riches troupeaux, sur des
prairies fertiles. Enfin, un terrein cultivé
doit nourrir une plus grande population,
mais proportionnée encore à la qualité, à la
profondeur du sol, au genre de productions,
à la multiplicité des soins & des travaux
qu'elles exigent (*a*); on trouve par - tout
moins

______

(*a*) L. XVIII, Ch. X, L. XXIII, Ch. XIV.

moins d'habitations & moins d'hommes fur les vignobles que fur les terres à bled, fur les terres labourées ou bêchées de l'*Europe*, qu'auprès des *Rizières* inondées de l'*Inde* & de la *Chine* (n. 10.).

Les révolutions humaines ont influé à leur tour fur l'état de la terre ; & le temps qui agite, déplace, difperfe ou réunit les nations, amène auffi lentement & fucceffivement fur un feul terrein, les modifications & les différences qui diftinguent les contrées les plus éloignées. Que font devenues les villes floriffantes qui couvraient autrefois les rives occidentales & méridionales, de la Mer Cafpienne, l'immenfe population qui fertilifait les bords du *Nil*, & toute la côte d'*Afrique*? Que de forêts, de ronces de lacs ou de marais infects, ont étouffé ou englouti, les riches & brillantes cultures, qui embelliffaient autrefois l'*Italie*? Mais d'un autre côté, les hordes féroces, qui des glaces du nord inondaient & ravagaient autrefois le midi de l'*Europe*, ont appris à ne plus dédaigner le travail, & leurs fombres forêts fe font changées en champs fertiles. C

Ainsi la main de l'homme a quelquefois commandé à la nature même &, soumis par-tout à l'action des causes physiques, à l'impression de tous les élémens, il a quelquefois réagi à son tour. Chacune de ses acquisitions & de ses conquêtes a été le fruit de la réunion & l'effet du concours de plusieurs volontés. Ce concours même suppose déjà bien des rivalités & des oppositions. C'est à la société qu'il a dû la plus grande partie de ses forces. Nous verrons de quel prix il a payé tous ces avantages & comment il a été dédommagé du sacrifice de son indépendance.

En suivant avec MONTESQUIEU , dans l'histoire des hommes, la chaîne de leurs rapports & de leurs liens naturels ou factices , nous remarquerons à chaque pas, de nouvelles conséquences de ses premières distinctions. Nous verrons en effet qu'il faut, comme l'a' observé ce grand homme, beaucoup moins de loix aux peuples *chasseurs*, qu'à ceux qui ont réuni, apprivoisé ou dompté quelques espèces d'animaux plus ou moins paisibles ; moins à ceux-ci qu'aux *cultivateurs* ; enfin, beaucoup plus d'institutions, de conventions, de réglemens aux peuples qui ont réuni à la fois, tous les moyens de subsistance, & qui ont appellé tous les arts & le commerce. (*a*) Et s'il était vrai que l'espèce humaine eût en effet passé graduellement & successivement par ces différens états , nous retrouverions l'*Histoire des loix* , dans l'exposé de celles qui conviennent plus particulièrement à chacun d'eux. Mais nous allons voir peut-être des rapports plus grands & indépendans de toutes les hypothèses.

Si le domaine assigné à notre espèce , avait toujours suffi , si aucun obstacle n'avait empêché les hommes de se disperser & de s'étendre en se multipliant , si la population avait toujours été dans tous les lieux proportionnée aux dons de la nature , ou si , en imposant à l'homme la nécessité de la seconder , elle avait donné à tous les individus également , le goût & le desir du travail , point d'autres divisions sur la terre que les grandes divisions pysiques , notre

Origine des Loix.

____

(*a*) L XVIII, Ch. VIII.

espèce n'offrirait par-tout, qu'une suite de peuplades paisibles, se communiquant de proche en proche, s'entr'aidant & se secondant mutuellement; tout serait calme, toutes les distinctions politiques seraient nulles, les loix superflues, & le genre-humain ne formerait en effet qu'une vaste famille.

Mais le desir naturel de jouir, joint avec le dégoût non moins naturel du travail, ont dû produire bientôt les premiers projets d'usurpation, d'oppression, les premiers actes de violence & d'injustice, & les premières *loix*.

L'homme a-t'il en effet d'autres loix que celles qu'il s'est faites ? Y avait-il des droits & des devoirs avant les premières conventions ? Qu'est-ce que le droit de la nature ou les *loix naturelles* ? Nous serait-il en effet impossible de les démêler & de les reconnaitre au mileu de toutes celles que l'homme y a ajoutées ? Tâchons de partir de quelques principes clairs & de quelques vérités évidentes.

Premiers
droits
naturels.

Les droits d'un homme isolé, n'auraient certainement d'autres bornes que ses desirs

& ses forces. Il ne dépendrait que de ses besoins : & peut-être n'est-il jamais en effet d'autre dépendance.

Deux êtres placés dans le même séjour avec les mêmes besoins & les mêmes facultés, s'entr'aideront & se quérelleront tour à tour.

Mais supposons les plus nécessaires encore l'un à l'autre, supposons les de sexes différens.... Sera-t'il question entr'eux d'autorité, de droits, de subordination ? Connaîtront-ils d'autre ambition que celle de se plaire, d'autre devoir que celui de s'aimer ? Mutuellement & sans doute également dépendans, l'un des deux croira-t'il ajouter à son bonheur, en asservissant l'autre ? Ou bien l'Empire sera-t'il nécessairement du côté de la force ?... Il n'est point d'amant qui ne répondît très-hardiment à toutes ces questions. Mais s'il était vrai, ce que je me garderai bien d'assurer, que l'amour & le pouvoir de la beauté, ne fussent en effet que le produit heureux des institutions sociales, il serait possible en ce cas, que les querelles & les prétentions à la

prééminence, ou même l'ufurpation d'un
fexe fur l'autre, euffent un peu précédé
l'amour, & cette conjecture femble en effet
confirmée par le fort actuel des femmes,
chez prefque tous les peuples *fauvages*.

Nous n'avons pas le temps de remonter
ici à l'origine, & de fuivre les progrès de
cette grande ufurpation, ni d'examiner pour
combien le défir de la perpétuer eft entré
dans l'échaffaudage de l'édifice focial.

Nous nous bornerons à une feule obfervation fur la difficulté d'adapter ici le
fyftême général de MONTESQUIEU, fur les
climats, avec tous les faits connus.

L'application de ce principe ne femble
pas en effet, aller au delà de cette première
obfervation : que l'inégalité que la nature
a établie par-tout entre les fexes, eft beaucoup plus fenfible dans les contrées méridionales (*a*). Du refte les voyageurs & les
hiftoriens nous montrent les femmes à peu-

______

(*a*) L. XVI. *Comment les loix de la fervitude
domeftique ont du rapport avec la nature du climat.*
MONT. traite dans ce livre de la *Poligamie*, du
Divorce, &c.

près également esclaves chez les sauvages du nord & chez les peuples énervés & corrompus du midi ; esclaves chez les *Hurons* & les *Iroquois*, comme chez les *Persans* & les *Turcs* ; &, à la *Poligamie* près, de tous les genres d'oppression, *le plus injurieux sans doute pour la beauté, le despotisme domestique auquel était soumise l'épouse d'un ancien Romain, n'était guère, ce semble, moins humiliant ni moins dur peut-être, que ne l'est en Asie, le despotisme des serails.* (*n. II.*)

Mais de nouveaux événemens vont amener de nouveaux rapports, de nouvelles affections & de nouveaux devoirs.

Un tiers vient apporter dans la société beaucoup de besoins, des forces nulles, & conséquemment une dépendance absolue. Il est évident qu'alors tous les devoirs sont du côté de la force, & que le titre de la première autorité qui succède à celle-là, est dans la supériorité de raison de ceux qui l'exercent, dans l'intérêt même de leur éléve, & dans leurs propres bienfaits. Sans doute il n'est pas d'autorité plus sacrée ; & il n'est pas même d'autre titre réel.

Peu à peu les devoirs se partagent, les droits de l'enfant finissent avec ses besoins & sa dépendance. Il peut rendre en partie ce qu'il a reçu, & il demeure chargé de toute la dette de vingt ans de soins & de secours.

Jusqu'à quel âge le jeune homme doit-il sacrifier sa raison à celle de ses bienfaiteurs, son bonheur à leur volonté, & ses desirs à la reconnaissance ? Jusqu'à quand l'habitude d'obéir tiendra-t'elle aux premiers lieu de force, & suppléra-t'elle au pouvoir ? C'est ce qu'il est difficile de décider, & les limites de cette antique autorité ont été, comme celles de toutes les autres, souvent ébranlées ou déplacées par les passions.

Les enfans devenus hommes & pères à leur tour continueront-ils de vivre en commun, & sous l'autorité de l'aïeul ? Quel ascendant conservera celui-ci sur les nouvelles familles, détachées & plus ou moins éloignées de la sienne ? Son pouvoir sera-t'il transmis à d'autres ?.. Nouvelles question qui en des lieux différens & selon les circonstances, ont dû être diversement décidées par les faits.

Quels événemens ajoutèrent de nouveaux droits à ces droits éternels, quel fut le premier héros, le premier sage, ou le premier brigand à qui le génie, la fortune ou la guerre donnerent sur d'autres familles que la sienne, une autorité que lui avait refusée la nature? Le premier pouvoir politique fut-il l'effet de la convention ou de l'injustice? Fut-il remis aux mains d'un seul ou de plusieurs? Il faut encore à cela plusieurs réponses. Il faut distinguer & les temps & les lieux. Mais les hommes ayant commencé à se battre & a s'égorger, long-temps avant de savoir fixer leurs idées & les événemens par l'écriture, l'histoire ne peut nous donner que de faibles lumières fur ces temps antiques. Pour remplir ce vide, & suppléer aux silence des faits, il faudrait épuiser peut-être toutes les possibilités, toutes les conjectures, choisir entre toutes les hypothèses, ou plutôt n'en exclure aucune. Mais il nous suffit ici d'indiquer rapidement les plus simples. (n. 12.)

Une peuplade assemblée pour juger la querelle de deux familles, ou chercher les

Conventions. Droit public.

moyens de prévenir toutes les querelles, ou pour repousser un ennemi qui a paru sur les frontières, cette nation réunit évidemment tous les pouvoirs.

Mais à mesure que la peuplade s'étend, que les associés & les affaires se multiplient, les assemblées deviennent à la fois plus fréquentes & plus difficiles, il n'est plus possible que dix mille hommes soient chaque jour enlevés à leurs travaux, pour juger le moindre différend, pour prononcer sur les limites de deux champs voisins, sur la séparation de deux troupeaux, sur la propriété d'une haie de clôture. On choisit alors quelques individus, les plus âgés ou les plus sages, pour représenter la *commune*, & s'occuper de tous les démêlés particuliers dans l'intervalle d'une assemblée à l'autre; & les plus robustes continueront de labourer, de bêcher, de semer, & réserveront pour l'entretien de leurs représentans, une portion de leur récolte.

D'autres événemens, quelques incursions plus fréquentes, pourront même obliger à choisir aussi un corps permanent pour garder

la frontière, & repouſſer les ennemis étrangers, ou réprimer les troubles domeſtiques.
Ainſi la nation ne s'aſſemblera plus que dans
les grandes occaſions, pour délibérer ſur
les intérêts communs & ſur les loix générales (*a*).

Tels ſont les premiers élémens des *corps
politiques*, & l'on y apperçoit très-claire-
ment la diſtinction des *trois pouvoirs* (*b*).
La nation en corps, conſerve la puiſſance
légiſlative, & ſe fait repréſenter, pour un
intervalle plus ou moins long, dans l'exer-
cices des deux autres.

Mais combien le temps a dû amener
d'altérations à cet ordre de choſes ! combien
d'événemens & de révolutions ont, depuis
cette première époque, modifié, combiné,
déplacé tous les pouvoirs ou toutes les
forces, & agité les nations !

Des repréſentans, laſſés d'une autorité
amovible & précaire, ont dû ſonger bientôt
à perpétuer & à étendre leur commiſſion.

(*a*) *De minoribus rebus principes conſultant, de ma-
joribus omnes…… TACIT. Germ. 5.*

(*b*) L. XI. Ch. VI.

Les plus adroits font fensiblement parvenus à fe difpenfer de rendre compte ; peu à peu les commettans ont oublié leurs droits & fe font vus avec étonnement repréfentés malgré eux-mêmes. Ainfi s'eft aliéné enfin le *pouvoir légiflatif*. Ainfi dans tel pays un Gouvernement *populaire*, eft devenu *ariflo-cratique* ; chez telle nation le nombre des repréfentans, a fucceffivement diminué ; des partis oppofés fe font difputé les dif-férentes branches de l'autorité publique, jufqu'à ce qu'un feul homme ait réuffi à les réunir toutes ; & voilà la *Monarchie*, plus ou moins limitée par le fouvenir des droits du peuple, & par des loix appellées *fonda-mentales*. Ce font ces loix & le droit de les réclamer qui féparent le gouvernement modéré, du *Defpotifme* (a).

Que de gradations & de nuances depuis la fimplicité de ces corps, pour ainfi dire élémentaires, jufqu'à cette multitude & cette complication de refforts qui meuvent la plus grande partie des puiffances modernes ; depuis la conflitution d'une bourgade Suiffe,

____

(a) L. II.

jufqu'à la conftitution mixte des trois royaumes; depuis la confédération *Helvé-tique* , *Holandaife* , ou *Américaine*, jufqu'à l'immenfe complication du corps *germanique* ! — Qui entreprendra de calculer & de fixer avec précifion les avantages & les inconvéniens de ces différens fyftêmes, les droits refpectifs des fouverains & des peuples , le degré de liberté ou d'afferviffement (*a*) , qui éléve ou avilit telle ou telle nation ? Qui peindra la fermentation , les convulfions , les orages qui ont agité certains peuples , les flux & reflux du pouvoir & de la liberté , la marche fourde & lente du defpotifme , minant infenfiblement , s'étendant & enveloppant fes victimes , s'élevant enfin & *déployant cent mille bras pour opprimer.*

Chez aucun peuple , ancien ou moderne , les différens pouvoirs ne parurent auffi fagement diftribués ; auffi long-temps &

(*a*) Voyez les Livres XIme & XIIme , *des Loix qui forment la liberté politique dans fon rapport avec la conftitution , — avec le citoyen* , & le XIIIme fur les *Revenus publics.*

auſſi vigoureuſement diſputés que chez les *Romains*, & depuis eux, chez les *Anglais*. Ces deux nations ſont auſſi celles dont MONTESQUIEU, ſemble avoir le plus médité l'hiſtoire & la conſtitution politique. Ces différens tableaux ſont l'objet du XIe livre de l'*Eſprit des loix*; on n'y trouve il eſt vrai, ſur l'Angleterre, qu'un ſeul chapitre; mais il eſt de MONTESQUIEU : & ce chapitre, ainſi que les ſuivans, ſur l'ancienne Rome, ſont des chef-d'œuvres d'analyſe.

C'eſt dans l'*Eſprit des loix* qu'il faut chercher (*a*) les idées de MONTESQUIEU, ſur les moyens qui aſſurent l'exiſtence & le repos de chaque gouvernement; ſur ce qui conſtitue leur force & leurs principes d'activité; ſur les rapports des *formes* différentes, avec les temps & les lieux, avec la population & l'étendue des différens états; ſur les opinions & les mœurs les plus convenables à chacune de ces formes; ſur les loix propres à les introduire ou à les conſer-

---

(*a*) Voyez depuis le ſecond Livre juſqu'au Xme incluſivement.

ver, fur les caufes fecrétes qui préparent de loin les révolutions; fur les moyens d'en corriger ou d'en retarder l'influence; fur la force des inftitutions & fur celle du temps; fur l'équilibre des loix & des hommes, & fur l'invifible pouvoir qui altére, ébranle & renverfe enfin tous leurs ouvrages. (n. 13 & 14).

Nous avons vu dans une première famille le germe de toutes les fociétés. Un premier coup d'œil fur l'ordre éternel de la nature, nous a montré l'homme naiffant dans la dépendance, efclave de fes befoins & affranchi par l'âge; la concurrence divifant bientôt des êtres égaux, & produifant les conventions après les querelles; nous avons vu les premières ligues & les premiers traités entre des hommes foulevés par le fpectacle & le fentiment de l'injuftice, tout oppreffeur devenant l'ennemi commun de fes femblables & réprimé bientôt par leurs forces réunies; nous avons vu la liberté perfonnelle reftreinte par des engagemens libres ou contractés librement; enfin, tous les individus facrifiant à leur fûreté, une partie de leur indépendance, c'est-à-dire, en dernière analyse, renonçant, pour le droit d'être protégés, au droit de nuire : & ces premiers rapports nous ont montré l'origine & le titre de tous les droits, de tous les devoirs d'homme à homme, & de ceux qui lient chaque individu, à la société dont il est membre.

Droit des Gens.

L'ordre des choses nous conduit à examiner avec MONTESQUIEU, les rapports des sociétés entr'elles, les loix de ces grands corps, restés les uns à l'égard des autres dans l'indépendance naturelle & primitive, leurs rivalités, leurs droits, leurs communications, leur action réciproque, leurs traités passagers & leurs chocs perpétuels.

Qu'au milieu d'un amas de peuplades ou de familles dispersées, se forment, comme nous l'avons vu, ou de quelqu'autre manière que ce soit, une seule confédération, à peine le temps & l'habitude lui auront donné quelque consistance, & voilà un corps prépondérant capable d'attaquer tous les autres, & qui va les envelopper, les détruire en détail, ou les forcer

à

à s'affocier de leur côté. Bientôt auffi nous allons voir de proche en proche, cent familles ifolées, averties par les premières attaques, fe ferrer, fe groupper pour faire équilibre; & chacun de ces corps s'étendra en tous fens, à raifon du terrein où le hafard l'aura placé, à raifon des limites que lui aura donné la nature, ou de celles que lui oppofera la réfiftance des autres peuplades déjà formées. (n. 15.)

Bientôt le temps & les événemens viendront feconder ces différences locales, pour établir entre les nations, la même inégalité de forces ou de richeffes, que les premiers pas vers la fociété ont déjà mife entre les individus. D'un pays où la population fera furabondante, fortiront des effaims qui iront porter l'induftrie & l'activité fur des contrées défertes, ou qui iront ravager d'autres terreins déjà enrichis par les arts.

Ici vont reparaître encore les grands effets de la différence des *climats*, & celle des peuples policés aux peuples barbares. Nous retrouverons ces différences dans les

migrations , les invasions , les guerres &
les conquêtes des uns & des autres , dans
la formation , l'accroissement & la dissolution
des Empires , enfin , dans toutes les parties
du droit des nations , toujours appellé *le
droit des gens.*

Nous verrons constamment les grands
déplacemens des nations du nord au midi ;
les sociétés politiques se développer , s'in-
corporer & s'étendre presque insensiblement de l'est à l'ouest ; & le lent ouvrage
des siècles & des lumières détruit en un
jour , par les débordemens des peuples
septentrionaux , restés presque sauvages , &
barbares témoins de leurs progrès.

On peut , en parcourant les premiers
temps de l'histoire , observer chez les peuples vivans sous la même latitude , avec
les mêmes besoins , jouissans des mêmes
arts & de la même industrie , fixés par des
loix à peu-près semblables , comment une
lente & sourde fermentation altére & rompt
insensiblement l'équilibre ; comment tel peuple favorisé par les circonstances , exalté
par l'orgueil ou l'énergie de ses chefs , ou

Choc des
Nations.
Accroisse-
ment des
Empires.

le reffort des loix, agit en tous fens, gagne du côté où il trouve moins de réfiftance, profite de la faibleffe de fes voifins, pour les foumettre; comment enfin, après avoir acquis une prépondérance marquée, il engloutit rapidement tout ce qui l'entoure, & s'étend, pour ainfi dire, avec une viteffe accélérée.

Les premiers monumens de l'hiftoire nous offrent quelques grands empires, déjà formés fur les bords du *Nil* ou de *l'Euphrate*, mais nous donnent peu de lumières fur leur origine.

L'époque la plus brillante de la *Grèce*, eft celle où on la voit divifée encore en petites républiques, indépendantes & plus ou moins libres. Bientôt un grand intérêt, un péril commun les raffemble, réunit leurs forces, & fait de tant de membres épars un feul corps, capable d'arrêter le choc d'un ennemi puiffant, prêt à les écrafer. Mais la divifion fuit bientôt leurs fuccès; les rivalités de Sparte & d'Athênes affai-bliffent l'union & les refforts de ce corps impofant, & le livrent en détail à un

ennemi bien moins formidable en apparence, & beaucoup plus dangereux en effet.
Du haut de ses montagnes arides, un
Monarque inconnu observe tous leurs mouvemens, & épie le moment de paraître. Il
fomente sourdement leurs divisions, soufle
au loin la discorde, s'approche par degrés,
& parlant & agissant tour à tour en maître
ou en médiateur, oppose ses ennemis à
ses ennemis, les détruit les uns par les
autres, soudoie par-tout des espions &
des traîtres, peu à peu saisit les ressorts
de tous les gouvernemens, change les
formes, substitue des tyrans aux loix, fait
faire à chaque peuple séparément, l'appren-
tissage de la servitude, se fait placer enfin
à la tête d'une confédération dissoute, ne
rétablit l'unité qu'avec l'esclavage, & devient l'âme & le tyran de la Grèce.

Mais voyez *Alexandre* (a), profitant des
moyens lentement réunis par la politique
de son père, & observez la différence de
leurs fortunes. Voyez le fils d'un négocia-

______

(a) L. X, Ch. XIV.

teur, s'avançant fièrement à la tête d'une armée aguerrie, parcourant en voyageur de vastes contrées, foulant & renversant les trônes de l'Asie & de l'Afrique, fondant sur leurs débris un vaste empire, dont la mort vient lui ôter les rênes. Cet édifice si rapidement élevé par la fortune & le génie des conquêtes, n'ayant pu être consolidé par le temps, ne peut survivre à son hardi fondateur; &, abandonné par lui, il se divise, tombe, & se dissout comme de lui-même.

Plus près de nous, MONTESQUIEU nous montre un autre empire, ouvrage lent de la constance la plus inaltérable, & de la politique la plus profonde. Un peuple de proscrits, s'élevant comme un point sur les bords du Tibre, combattant long-temps pour son existence, subjuguant ses voisins, dominant l'Italie après cinq siècles de travaux; de ce moment élevant une tête superbe, s'avançant à grands pas à la domination universelle, attaquant au loin tout ce qui avait un air de rivalité, dissimulant les affronts, choisissant le temps de la vengeance, & ne faifant la paix qu'après des victoires, abattant ou défarmant toutes les puiffances, fe mêlant à toutes les querelles, fecourant le faible pour humilier un ennemi plus fort, protégeant les uns, combattant les autres, & réuffiffant également par ces deux moyens, à tout fubjuguer; réglant tous les états, ôtant & diftribuant les couronnes, donnant enfin des loix à la moitié du monde connu; tel eft le phénomène politique le plus étonnant, qui foit configné dans les annales des nations, tel eft le tableau que traça MONTESQUIEU, dans un écrit féparé (*a*) qui précéda fon grand ouvrage, écrit qui contient une des portions les plus importantes de la grande hiftoire du genre-humain, dont *l'Efprit des loix* offre tant d'autres branches non moins importantes.

Sans doute le problème de cette prodigieufe élévation était bien plus difficile à expliquer que la décadence qui l'a fuivie. Arrivé depuis long-temps au-delà des limites

---

(*a*) *Confidérations fur la grandeur & la décadence des Romains.*

que peuvent embraſſer la force & l'intelligence humaine , néceſſairement diviſé par
ſa ſeule étendue , toujours en proie à de
nouvelles factions , déchiré par les ſeuls
hommes qui puſſent le défendre , comment
ce vaſte corps eut-il réſiſté à la fois aux
coups du temps , aux progrès de la corruption , & aux chocs répétés des Barbares ?
Comment ces maîtres du monde euſſent-ils
pu éviter la vengeance de tant de nations ,
humiliées & opprimées tour à tour par leurs
Généraux & leurs Préteurs , échapper enfin
à la haine de tant d'ennemis étrangers ou
domeſtiques , qui l'attaquèrent de tous les
côtés en même-temps ?... Certainement ce
n'eſt pas la chûte de ce coloſſe qu'il faut
expliquer , & c'eſt plutôt encore le prodige
de ſa maſſe & de ſa ſolidité qu'il faut admirer dans une réſiſtance de trois ou quatre
ſiècles.

Tandis que ſous une zone fortunée , les
hommes ſe multiplient , ſe preſſent & s'agitent , qu'ils emploient une partie de leur
temps & de leur activité à féconder &
embellir leur domaine , une autre à s'entre-

détruire, qu'ils se disputent long-temps de petits coins de terre, arrosés tour à tour de leurs sueurs ou de leur sang; tandis que ces nations sédentaires augmentent à la fois leurs lumières & leurs richesses, se corrompent en s'éclairant, & s'affaiblissent en augmentant leurs ressources, sur les hauteurs du même continent, sur les plaines élevées de l'Asie, ou dans les vastes forêts du nord de l'Europe, circule une autre race d'hommes plus robustes, accoutumés à lutter contre la nature & contre le besoin, se heurtant ou se repoussant, s'avançant & refluant comme les flots de la mer, ou comme les nuages, qui, poussés par les vents, se croisent dans les airs, s'unissent & se divisent tour à tour.

De siècle en siècle, ces hordes barbares, attirées par les richesses d'une terre plus féconde & d'un climat plus doux, s'échappent par torrens, franchissent leurs montagnes, renversent les barrières que leur oppose une vaine & timide industrie, s'avancent comme l'incendie, marquant par la dévastation, semant de débris leur passage,

& s'emparent fous différens noms, & à divers intervalles des trônes de la *Chine*, de l'*Inde* & de la *Perfe*. D'autres hordes fe précipitent vers le nord de l'Europe, preffent & chaffent devant elles des nations également barbares, & toutes à la fois viennent fondre fur l'empire Romain, chancelant, ébranlé, déchiré de toute part, & que fon propre poids allait abattre.

Après un inftant de calme, une autre nation inconnue jufque-là, ayant à peu-près, fous un climat très-différent, les mêmes mœurs & les mêmes habitudes, part d'un point oppofé, croit & groffit en avançant, & avec des forces exaltées & doublées par le fanatifme, femble vouloir repouffer dans leurs antiques forêts, les conquérans du nord; ébranle cette maffe déjà confolidée par le temps, fait un inftant équilibre, s'arrête au pied des montagnes des *Afturies*, des *Alpes* & du *Taurus*, &, repouffée en France par *Charles-Martel*, foutient quelques fiècles après, les efforts de toute l'Europe devenue chrétienne, & qui reflue fur elle à fon tour.... Mais dans cette contrée

Note 16.

même, qui fut le théâtre de leurs succès rapides, l'ascendant de la Barbarie l'a emporté plus vite encore. De nouveaux Tartares sous le nom de *Turcs*, descendus du Caucase, ont renversé l'empire des *Califes*, dont ils ont pris le culte; &, devenus *Musulmans*, ils portent les derniers coups à l'empire d'Orient & à l'église Grecque.

Tels sont à peu-près les plus grands résultats de l'action réciproque & du choc des sociétés dispersées sur la terre, opposées par le seul rapprochement & armées tour à tour par le besoin ou l'ambition.

Droit de la Guerre.

En suivant ces mouvemens violens & ces révolutions sanglantes, tous ces combats de nations affamées de carnage, a-t'on été tenté de répéter quelquefois les noms de *loix*, de *droit* & de *justice*? Quel homme a espéré le premier, faire entendre la voix de l'humanité au milieu des batailles, & voulu donner un frein à la force, des règles à la fureur?

Quels ont dû être & quels ont été les effets de ces chocs épouvantables, qui par intervalles ont englouti les générations?

Quels font après la victoire, les droits des vainqueurs & des vaincus ? Quel espoir doit rester à ceux que la mort a épargnés ? Quelle sera sur eux toute l'étendue du droit de la force ? N'a-t'on pas trop insulté au genre-humain, quand on a parlé *du droit d'esclavage*, ou *du droit de conquête* (*a*) ?

Sur le premier point que Montesquieu a daigné à peine discuter sérieusement, il a dit à peu-près en quatre pages, tout ce qu'on pouvait dire (*b*).

Quant au second, les principes & le droit font peut-être un peu plus embarrassans, mais beaucoup moins que les faits.

Rarement une nation a été assez affaiblie par l'événement d'une ou de plusieurs batailles, par la dispersion de ses défenseurs ou de ses chefs, pour être obligée de se rendre sans condition, & de subir sans restriction la loi du vainqueur. Parmi les monumens de la fureur guerrière, si nous voyons les *Ilotes* esclaves, les *Guebres* & les

______

(*a*) L. XV.

(*b*) L. X, *des Loix, dans le rapport qu'elles ont avec la force offensive.*

Juifs difperfés, les *Saxons* tranfplantés, les *Indiens* enchaînés & étouffés dans les mines, après avoir échappé au glaive & aux fup-plices, ces exemples font les feuls à peu-près où toutes les loix & tous les droits, aient été fi ouvertement violés.

Dans toutes les autres occafions, les droits confervés par les vaincus, ont dû être toujours en proportion des forces qu'aura pu leur laiffer leur défaite. Quel-quefois la difperfion d'une armée, la mort d'un général ou d'un monarque, n'a pro-duit d'autres effets que le changement de maître, & n'a apporté aucune altération dans les loix, les ufages & dans la condi-tion du peuple fubjugué.

Les Romains prefque toujours, laiffaient à leurs ennemis vaincus, leurs loix & leurs formes de gouvernement, & ne fe réfer-väient fouvent que le droit de nommer les Magiflrats des Villes municipales ou des Républiques, ou de régler les prétentions à la couronne dans les monarchies. Quelque-fois même ils ne croyaient pas avoir befoin de déplacer les chefs; ils fe bornaient à leur impofer quelques tributs, ou leur liaient les mains, & leur ôtaient, en les défarmant, le droit d'attaquer & même celui de fe défendre.

Les premières troupes de Barbares qui franchirent les barrières de cet empire, fe contentaient de piller les peuples des provinces, de rançonner les gouverneurs, & fe retiraient avec des provifions, des efclaves & de l'or.

Les *Goths*, les *Vandales*, les *Francs*, que ces premiers fuccès attirèrent, réuffirent à chaffer les magiftrats & les troupes romaines, & s'emparèrent du domaine & du pouvoir public.

De tous les événemens, de toutes les révolutions qui ont changé la face du globe, il n'en eft pas fans doute, qui ait produit des effets auffi compliqués, auffi bizarres.

C'eft de ce mélange de nations policées & de nations prefque fauvages, de foldats farouches & d'efclaves avilis, qui apportèrent fucceffivement fur le même fol, leur efprit d'indépendance ou de fervitude, leurs ufages différens & leurs mœurs difparates, c'est de cette bigarure de formes militaires & civiles, c'est de la réunion ou de la confusion insensible de tant de loix, qui a suivi progressivement la confusion des races, c'est enfin des combats & des succès variés de l'*aristocratie*, de l'*anarchie* & du *despotisme*, qu'ont résulté dans cette partie de l'Europe si souvent conquise, ce cahos du droit & du gouvernement *féodal*, réduit en France, à si peu de chose, conservé dans toute sa complication en *Allemagne*, en *Pologne*, & dont on a retrouvé les élémens & toute la simplicité primitive chez les Note 17. *Tartares* conquérans, indépendans ou tributaires de l'Europe & de l'Asie.

C'est aussi la complication de ce systême qui a, sur-tout depuis un siècle, excité la patience & la sagacité de tant de savans d'Allemagne, de France, & en dernier lieu d'Angleterre. Mais de tant d'écrivains plus ou moins laborieux, lumineux ou instruits, qui ont tenté de débrouiller ce cahos, il n'en est certainement pas qui y ait jeté Note 18. plus de jour que l'auteur de *l'Esprit des loix*. Ce grand homme avait sans doute complété cet immenfe travail dans cette hiftoire de Louis XI, anéantie par un hafard fi fatal, & dont la perte était fi difficile à réparer. (n. 19.)

Le genre-humain n'aurait-il confervé que le fouvenir de fes défaftres & les monumens de fes fureurs ? Les annales des fiècles paffés ne feraient-elles utiles qu'à confoler les peuples toujours gémiffans, par le tableau de temps plus malheureux ? Les hommes & les nations ne fe font-ils dans tous les temps, déplacés que pour ravager ? Ne fe font-ils jamais connus ou réunis que pour enfanglanter la terre, & travailler de concert au malheur commun ? Parmi tant de débris, ne pourrions-nous diftinguer quelques traces des progrès de l'homme vers un état plus calme, & dans le rapprochement de fes fuccès, trouver l'efpoir d'un fort plus heureux ? Si quelque branche de l'hiftoire peut nous offrir quelques-uns de ces objets confolans, c'eft fans doute celle des arts & du commerce.

Dès la première époque de la population & des fociétés naiffantes, la diftribution du travail, le partage des fonds, les premiers essais de l'agriculture, la séparation & la subdivision des arts, ouvrirent nécessairement des échanges entre les familles les plus voisines. Les besoins communs établirent des rapports suivis entre l'habitant de la montagne & celui de la plaine, entre le *Vigneron* & le *Laboureur*, le *Chasseur* & le *Pâtre*, & successivement entre ceux-ci & le *Tisserand*, le *Charpentier*, le *Forgeron*, &c. Ainsi le commerce soutint & étendit la communication des familles, & substitua d'autres liens, celui de l'intérêt aux liens affaiblis du sang & de l'habitude.

Ces rapports, ces communications suivirent la marche, le développement & les progrès des arts utiles ou des arts de luxe ; ils suivirent aussi l'accroissement des corps politiques, & rapprochèrent quelquefois, des nations qui ne s'étaient encore connues que pour se combattre. L'invention des signes pour toutes les valeurs & tous les objets d'échange, facilita, agrandit les opérations & multiplia toutes les branches du commerce.

Il faut suivre dans l'*Esprit des loix* (a), cette marche générale, déterminée encore par la différence des besoins & des productions du midi au nord, plus ou moins favorisée ou retardée par les circonstances locales, secondée par des hasards heureux, ou reculée par les fureurs des guerres; il faut y suivre les progrès & la communication de l'industrie, des lumières & des arts, & le tableau rapide des événemens qui les ont dirigés, depuis les tentatives des premiers navigateurs *Phéniciens*, *Carthaginois* ou *Grecs*, jusqu'à cette époque mémorable du XV.ᵉ siècle, où la terre parut s'agrandir en tous sens, où les limites de la population & du domaine de l'homme, fixées par l'ignorance au tropique septentrional, furent reculées jusqu'aux extrémités de l'autre hémisphère; où *Gama* & *Colomb*, semblèrent ajouter deux nouveaux mondes, à l'ancien monde connu.

C'est de cet instant que le commerce, étendant ses spéculations sur tous les points du globe, d'un coup d'œil embrassa tous les climats, parcourut toutes les contrées,

______

(a) L. XX, XXI & XXII.

rapprocha tous les peuples, diminua les diſtances, & parut quelquefois ne faire de tout le genre humain qu'une vaſte famille... Et tel ſerait en effet le dernier terme de la civiliſation, le dernier produit des ſociétés & le dernier effort de la raiſon humaine.

Tels ſont les véritables progrès de notre eſpèce, tels ſont les ſuccès réels de l'homme & ſes véritables conquêtes. Arrêtons-nous un inſtant, jetons un coup d'œil en arrière, & jouiſſons du ſpectacle impoſant que ce point de vue nous préſente.

Réſumé. L'eſpèce humaine en ſe multipliant, a étendu, fécondé ſon domaine, & multiplié ſes richeſſes. Elle a doublé par l'induſtrie l'immenſe fond que lui avait aſſigné la nature. Des opérations ſuivies, une activité conſtante, ont enfin rendu communes à tous les climats, les jouiſſances qui ſemblaient accordées excluſivement à chacun d'eux. L'homme a également étonné par les conquêtes de la patience, & les prodiges du génie. Il a créé, perfectionné les arts, il a levé en partie le voile de la nature, & ſubjugué enfin tous les élémens. Pendant

trente siècles il semble avoir déployé toute
son intelligence & toutes ses forces, pour
améliorer sa condition , & rassembler tous
les moyens de bonheur. — Mais dans cet
intervalle que l'œil mesure avec effroi, que
d'espaces couverts de ténébres ! que de
momens perdus dans la barbarie, l'erreur ou
l'ignorance ! par combien d'écarts, de folies,
de fureurs , l'homme a été retardé dans sa
course , & éloigné de son but ! que de
talens il a tournés contre lui-même ! combien de forces employées à s'entr'égorger !
que de nations englouties & disparues de
la terre , avant d'avoir pu saisir une situation fixe & tranquille , avant d'être parve-
nues à établir des loix sages & une constitution raisonnable ! que de générations
évanouies dans l'attente du bonheur !

C'est en se rapprochant , en se communiquant, c'est en réunissant leurs vues , leurs
lumières & leurs efforts, c'est par la société
enfin , qu'une partie des peuples modernes ,
sortis à peine de la barbarie , sont parve-
nues au degré de puissance & de supériorité
qui les distingue. Mais à côté du bien que

l'homme a fait à l'homme , quelles fan-
glantes images , quels tableaux effrayans !
les convulfions & le fracas des guerres , le
filence & le repos plus affreux du defpotifme , le délire des fpéculations dangereufes
ou inutiles , l'abfurde tyrannie des opinions
& de l'habitude , les fureurs des nations ,
les paffions ou les méprifes des chefs , la
cruauté ou les erreurs des loix , tels font les
fléaux qui ont défolé fi fouvent la malheu-
reufe humanité , & retardé fi long-temps
fes progrès.

N'eft-il pas temps que l'homme enfin ,
profite de l'expérience de trente fiècles ,
qu'il s'éclaire par fes méprifes, & recueille
s'il fe peut, le fruit de fes malheurs ?

Après avoir parcouru avec effroi , la
déplorable hiftoire de nos aïeux , trouvons-
nous du moins dans notre pofition, quelques
motifs de confiance ? Nous applaudirons-
nous comme MONTESQUIEU , de nous
trouver en ce moment fur la terre, & de
faire partie de la génération actuelle ?

Si dans cette longue fuite de fermentations, de convulfions , nous avons apperçu

de loin en loin , quelques intervalles de
repos, quelques momens de calme , à quelle
époque croirons-nous qu'il fût plus permis
de rêver , d'espérer le bonheur , & plus
aisé de le réaliser?

Au moment où l'Europe , après avoir
essuyé le choc des barbares du nord & des
conquérans du midi , épuisée de ses longues
& malheureuses migrations , commençait à
respirer; lorsque le peuple se relevait enfin
d'une longue humiliation , & que la liberté
renaissante , ranimait par-tout l'activité &
l'industrie, en ce moment des tentatives
hardies , des découvertes étonnantes , ont
donné une nouvelle impulsion aux esprits,
l'univers s'est agrandi , les idées se sont élevées , toutes les nations en se rapprochant
se sont mutuellement éclairées. Mais ces
premiers traits de lumière devaient produire
un vaste embrasement; à la même époque
se réveilla avec fureur , cette lutte éternelle
de l'ignorance & de la raison, de l'habitude
& des préjugés contre l'expérience , du
fanatisme aveugle & féroce contre la gémis-
sante humanité , enfin , cette longue fer-

mentation, ces explosions terribles, dont notre siècle a ressenti les dernières secousses.

Cette crise de l'esprit humain ne semblet'elle pas enfin la dernière? Nous resterait-il encore quelques épreuves à subir? N'avonsnous pas bientôt épuisé tous les malheurs, toutes les erreurs, toutes les folies? Tant de discussions & de querelles n'auront-elles pas produit quelques sentimens modérés, quelques vérités utiles?... O sublime *raison*, tant prônée & tant décriée sous le nom de *Philosophie*, vas-tu régner enfin sans contradiction, sur une espèce d'êtres raisonnables? ....

S'il ne nous est pas tout-à-fait permis de tant espérer, au moins ne semble-t'il plus qu'elle puisse être encore désormais forcée de rétrograder. Nous n'avons plus à redouter sans doute, ces grandes révolutions, ces secousses politiques, qui plusieurs fois ont changé la face du globe, & ramené partout le cahos. Après tant de mouvemens les nations semblent avoir pris enfin une assiette plus fixe & plus tranquille. Le *nord*

de l'Europe, si long-temps barbare, a reçu
la lumière, & ses habitans, fixés chez eux
par les arts & l'abondance, ne laissent plus
à craindre ces anciens débordemens qui ont
tant de fois effrayé le midi. Cette portion
plus anciennement éclairée, déchirée long-
temps en détail, accablée, écrasée long-
temps aussi sous le poids d'une seule puissance, a vu des débris de ce vaste corps,
se former toutes les souverainetés modernes,
trop peu multipliées, pour que les guerres
soient désormais aussi fréquentes, assez étendues pour résister par leur masse à tous les
ébranlemens, mais en même-temps assez
circonscrites pour que tous les points en
soient éclairés à la fois par une même admi-
nistration. D'un autre côté, une communication suivie, des négociations constantes
ont lié entr'elles tant de puissances. Point
de mouvement particulier qui ne se com-
munique au loin, & dont les parties les
plus distantes ne soient bientôt averties;
toutes se connaissent, toutes se surveillent;
la solidité des plus grands corps contient
& protége les puissances plus faibles placées

dans les intervalles ; tout eſt en équilibre, & le même calme s'eſt communiqué aux eſprits.

Sur cet autre hémiſphère, ſi long-temps déſolé par notre avidité & nos fureurs, un peuple ſage & courageux, vient d'ouvrir un aſyle à la liberté; & offrant, avec toute l'énergie des nations naiſſantes, une conſtitution mûrie avec toute la ſageſſe d'un ſiècle de lumières, va fixer à ſon tour, les regards des nations de l'ancien monde, & leur donner l'exemple de l'activité, de la modération, de l'induſtrie & des mœurs.

N'eſt-ce pas le moment où toutes les puiſſances peuvent s'occuper efficacement du bonheur des peuples ? Et tout ne ſemble-t'il pas préparé pour la plus heureuſe révolution ? Dégoûtée enfin des ſpéculations puériles, ridicules ou dangereuſes, la raiſon ſemble avoir pris une direction plus ſage. La curioſité générale, l'inquiétude & l'activité Européenne, ſont excluſivement dirigées vers les objets utiles. Les hommes aſſemblés ont commencé à s'occuper de leur bonheur commun. Toutes les inſtitutions ont été foumifes à l'examen. Tous les monumens, ou toutes les ruines antiques, ont été éclairées par le génie; la difcuffion a fait jaillir & femé par-tout la lumière. Les maîtres du monde font avertis, les befoins & les vœux des peuples leur font connus; ceux-ci font plus inftruits de leurs véritables intérêts; l'exécution du bien eft facilitée, les efprits font préparés, toutes les routes font ouvertes, il n'y a plus qu'à vouloir ..... Pourquoi n'oferions - nous efpérer?

En m'abandonnant à ces rêves fi doux, à ces efpérances confolantes, me fuis-je donc éloigné de mon fujet? Ai-je perdu de vue le grand homme, dont, malgré ma faibleffe, j'ai voulu auffi parer la tombe & honorer les mânes? Des vœux pour le Note 21. bonheur du genre humain, feraient-ils étrangers à l'éloge de celui qui en fit l'objet de fes travaux, de fes méditations conftantes? Non fans doute; & fi je voulais rappro- cher, & compter les tentatives nouvelles, les heureux effais qui femblent garantir aux nations, tant de promeffes pour l'avenir,

je ne ferais qu'indiquer encore les fruits de
ſes veilles, & ſes droits à la reconnaiſ-
ſance publique.

Influence
des grands
Ecrivains,
& en par-
ticulier de
MONTES-
QUIEU.

C'eſt ici le lieu d'examiner peut-être, la
véritable influence des grands hommes,
ſur le ſort des peuples, de calculer l'effet
des lumières & des vérités qu'ils répan-
dent, de meſurer en quelque ſorte les
forces, & d'apprécier les bienfaits du génie.

Sans doute le cours des âges, la réunion
des efforts & des expériences, & l'inviſible
pouvoir qui dirige les temps, les événemens & les hommes, doivent en renouvel-
lant de ſiècle en ſiècle la face de la terre,
amener auſſi quelquefois des intervalles de
bonheur. Mais lors qu'après tant de com-
binaiſons malheureuſes, les révolutions
ſemblent offrir un ordre de choſes plus
favorable à l'humanité, n'eſt-il pas toujours
quelques mortels à qui il faille ſur-tout
rendre grâces. Dans des temps orageux,
un ſeul homme, une âme noble & ferme
a quelquefois conjuré les tempêtes, s'eſt
oppoſée au torrent qui allait engloutir un
état ébranlé, & a ſuffi pour empêcher ou

retarder sa chûte. Ces grandes occasions qui développent toutes les facultés humaines, & montrent dans quelques individus, toute la force & le pouvoir de l'homme, ces occasions heureusement sont peu fréquentes. Mais l'influence du génie qui éclaire, pour être moins prompte & plus paisible, n'en est pas pour cela moins bienfaisante ni moins sûre.

Au milieu des grands ou des petits mouvemens qui agitent les individus & les nations, s'accroit lentement & dans le silence le dépôt des connaissances humaines. Dans le petit nombre d'hommes qui s'intéressent réellement à leurs progrès, un plus petit nombre y ajoute le fruit de ses veilles, & chaque science se forme ainsi de ces dépôts successifs.

A de grands intervalles s'éleve un homme supérieur, qui embrassant à la fois & d'un coup d'œil, toutes les richesses accumulées par les siècles, entrevoit de nouvelles routes, montre un plus vaste espace à parcourir, & donnant une forte & rapide impulsion à tous les esprits, fixe sur lui-même & sur l'objet de ses travaux, l'attention générale.

Note 22.   Tels dans l'autre siècle, *Descartes*, *Newton*, *Leibnitz*, après avoir brisé les longues entraves de l'esprit humain, & augmenté ses forces par l'invention d'une langue nouvelle, ajoutant au petit nombre de faits bien constatés avant eux, commencèrent à deviner la grande architecture de l'univers. Tel *Buffon*, dans celui-ci, déployant à nos yeux toutes les richesses & les bienfaits de la nature, nous offrit un tableau vaste, sublime & varié comme son modèle; tel, à force d'imagination, d'énergie & d'éloquence, *Rousseau*, parut presque avoir assisté à la première association du genre humain, en avoir retrouvé les premières clauses & recréé en quelque sorte les principes éternels de la morale. Tel avant eux, MONTESQUIEU, observant les modifications & les progrès de l'homme social, & rapprochant les titres & les monumens de toutes les nations, a peint les différens âges, & les révolutions du monde politique.

Note 23.   D'autres écrivains plus ou moins célébres

ont plus ou moins contribué à préparer les efprits à cette grande étude de l'homme, que l'on fut étonné de trouver fi peu avancée & prefque fi neuve. Mais celui qui fit les premiers pas, à qui l'on peut reprocher le moins de diftractions & d'écarts, celui qui marcha le plus conftamment vers fon but, & dont les travaux peut-être feront le plus long-temps & le plus réellement utiles, eft fans doute, l'auteur de *l'Efprit des loix*. Loin de nous la penfée de juger le génie, ou de claffer les grands hommes. Mais que ne doivent pas toutes les nations à l'écrivain immortel, qui a porté un efprit fi vafte & fi élevé, tant de forces & de lumières, fur une fcience à laquelle toutes les autres femblent devoir être fubordonnées, la fcience du bonheur?

Dans quels temps, dans quelles circonf-tances, le génie d'un feul homme, peut-il être le plus utile aux hommes? A quelles époques ou dans quelles pofitions, doit s'étendre le plus loin l'influence & l'afcendant d'un efprit fupérieur? … Gardons-nous de rabaiffer, en les comparant, les travaux du fage ifolé, qui cherche & voit le bien, ou ceux de l'homme prudent & courageux, qui l'exécute ; le profond obfervateur qui rapprochant l'expérience de tous les peuples, étudiant l'organifation & calculant le jeu de tous les corps politiques, en indique les défauts & les remèdes ; ou l'homme qui, placé par hafard à la tête de l'une de ces grandes machines, en fait mouvoir un inftant les refforts, & leur imprime une direction qui va être changée par une autre main. Mais qui n'a pas quelquefois, défiré MONTESQUIEU à la tête d'un confeil de légiflation ? Que n'eût point fait ce grand homme avec la fupériorité de lumières, la fenfibilité & la nobleffe, la fermeté d'âme & la modération de principes, que toute fa conduite a prouvées & que refpirent fes écrits ? Cependant avant de lui fouhaiter une autre place, il faudra avoir bien apprécié l'utilité & l'influence d'un dépôt de vérités grandes & précieufes, d'un ouvrage enfin, tel que *l'Efprit des loix*.

La naiffance ou les talens, le hafard ou l'intrigue, élévent aux premiers rôles, dix hommes médiocres pour un homme vraiment digne de sa place. Les tentatives & les erreurs se multiplient, les hommes & les projets se succèdent, une seule méprise est ressentie par plusieurs générations, quelques espérances brillent par intervalles, & le malheur continue de peser presque sans interruption sur les peuples. Mais le génie libre & sans entraves, élancé de la sphère où tant de liens arrêtaient son essor & comprimaient son cœur, s'élève & plane sur cette fourmilière dispersée d'êtres intelligens & sensibles; sa vue perce l'avenir, devance le cours si lent & si rapide du temps & de l'expérience; il apperçoit & montre le but, trace la route, épargne aux nations ou à leurs chefs, toutes les erreurs & les fausses démarches qui peuvent les en éloigner, & les retarder de plusieurs siècles. Ses sublimes leçons deviennent la méditation de tous les esprits actifs; les hommes destinés aux grandes places, y arrivent nourris de grandes pensées & de vues bienfaisantes; le même esprit se propage bientôt autour d'eux; & leur zèle pour le bien, &

celui qu'ils opèrent, & la facilité qu'ils y trouvent, font encore les bienfaits du philosophe isolé, qui, sans ambition, sans autre passion que l'amour de ses semblables, a médité dans le silence sur les moyens de diminuer leurs maux.

Non sans doute, les travaux du génie ne seront pas perdus ; tant d'espérances, tant de vœux & de si beaux rêves ne seront pas trompés ; & nous avons déjà senti les premiers effets de cette tendance générale vers le but le plus important. L'impulsion donnée par MONTESQUIEU, à tous les bons esprits s'est communiquée aux gouvernemens. Ce grand homme a vu lui-même les premiers fruits de ses méditations sublimes, & il s'est endormi sans doute dans des idées consolantes. A la fin d'une vie consacrée aux travaux les plus nobles, & trop souvent troublée par l'impression de ces tracasseries & de ces injustices qui semblent éternellement réservées au génie, il a pu se dire : j'ai contribué pour quelque chose au bonheur de mes semblables ; &, affligé si long-temps de leurs

erreurs,

erreurs, je leur laisse au moins l'espérance d'un sort plus heureux.

Tout en effet semble la justifier; & de tous les événemens qui depuis ont encouragé & consolé les nations, il n'en est pas un peut-être, qui ne rappelle les travaux de MONTESQUIEU, & qui ne soit un hommage à sa mémoire. Si *Catherine*, si *Frédéric*, si les illustres fils d'une autre impératrice célébre, ont déployé sur des théâtres plus ou moins vastes, des vues également actives & bienfaisantes; si des loix simples & claires, si les institutions les plus humaines & les plus sages, ont achevé de lier ensemble toutes les parties d'un vaste empire presque créé de nos jours, par le génie d'un seul homme; si l'agriculture, le commerce & les arts renaissent à la fois dans d'autres pays, long-temps désolés par la guerre; si d'heureuses réformes, si les opérations les plus désirées, conduites avec autant de fermeté que de prudence, ont préparé d'autres peuples à une régénération totale; enfin, si toutes les parties de l'Europe semblent recueillir à la

F

fois les premiers fruits d'un siècle d'obſervations, de diſcuſſions, de vérités nouvelles; ſi des ſoins bienfaiſans prodigués
parmi nous aux malheureuſes victimes
de la nature ou de la ſociété, ſi la proſ-
cription d'une ſervitude humiliante & d'une
barbarie plus atroce & plus abſurde encore,
Note 24. annoncent enfin à la nation la plus douce de
l'univers, un *code criminel* où ſeront conciliés
ſous tous les points de vue, la ſûreté perſon-
nelle & la ſûreté publique, un code qui doit
ſatisfaire à la fois la juſtice & l'humanité; n'en
doutons point, c'eſt MONTESQUIEU qui a inſ-
piré les légiſlateurs & les pères des peuples,
c'eſt ſon génie qui a échauffé leurs âmes, &
préſidé à leurs conſeils; ce ſont ſes réclamations & celles de tous les bons eſprits,
de toutes les âmes ſenſibles qui ont pro-
curé à l'humanité ces conſolations. C'eſt
dans les écrits de MONTESQUIEU, que les
hommes d'état & les légiſlateurs puiſeront
déſormais cet art ſublime, de réunir & de
reſſerrer tous les intérêts; de diriger au
même but tous les mouvemens; de ſoute-
nir les mœurs par les loix & de ſuppléer

aux loix par les mœurs ; de commander
à la fois aux opinions & aux paffions, &
de foumettre les unes par les autres ; de
faifir la convenance des lieux & des temps,
de proportionner les efforts aux réfiftances
& d'employer pour le bien, les moyens
les moins violens, les refforts les moins
dangereux. C'eft là qu'ils puiferont fur-tout,
cet efprit de modération & ce refpect
pour les droits de l'homme, qui, effaçant
enfin ces dernières traces d'ancienne féro-
cité, qui deshonorent encore quelques codes
modernes, acheveront de proportionner
par-tout la douceur des loix à la douceur des mœurs. Ainfi les leçons de
MONTESQUIEU, éclaireront plufieurs fiècles.
Ainfi fe réalifera ce titre fublime, que déjà
l'Europe lui a déféré, celui de LEGISLATEUR
DES NATIONS (n. 25.)

NOTES.

1. C*Harles de Secondat*, *Baron de la Brede & de Montesquieu*, naquit au château de la Brede, près de Bordeaux, le 18 Janvier 1689, d'une famille déjà illustre dans la Robe & dans les Armes.

Conseiller au Parlement de Bordeaux en 1714; Président à Mortier en 1716, & reçu la même année à l'Académie de cette Ville, dont il contribua le plus à diriger les travaux vers les objets d'utilité, il donna en 1721 les *Lettres Persannes*, vendit sa Charge en 1727, fut reçu l'année suivante à l'Académie Française, partit bientôt après, & parcourut l'*Allemagne*, *la Hongrie*, *l'Italie*, *la Suisse*, *la Hollande & l'Angleterre*. De retour en France en 1732, il publia en 1734 ses *Considérations sur la grandeur & la décadence des Romains*, & donna enfin la première édition de l'*Esprit des Loix* en 1749.

Voilà à peu près sur MONTESQUIEU, ce que ne nous apprennent pas ses Ouvrages. On trouvera quelques détails sur sa vie privée dans les éloges faits par d'*Alembert* & *Maupertuis*, & sur-tout dans les Lettres familières écrites par MONTESQUIEU à quelques amis, & dont on a fait un recueil trop incomplet.

———

2. Ceci n'est point un tableau idéal. Voici ce que MONTESQUIEU écrivait à l'un de ses amis au moment où l'*Esprit des Loix* paraissait :

» Au sortir du collége, on me mit dans les mains
» des livres de Droit; j'en cherchai l'esprit : j'ai
» travaillé, je ne fesais rien qui vaille. Il y a vingt
» ans que je découvris mes principes, ils sont très-
» simples. Un autre qui eut autant travaillé que
» moi, &c.

———

3. Quelqu'importance qu'il pût mettre aux nobles
fonctions qu'il avait si dignement remplies, Montesquieu reconnut sans doute qu'il serait bien plus
aisément remplacé comme juge que comme législateur. Subjugué par l'attrait des grandes vérités qu'il
avait entrevues, entraîné, dominé par le désir de
contribuer au bonheur des hommes, il choisit la
route où il crut pouvoir leur être plus utile. Se
serait-il trompé ? Qui osera le dire après avoir lu
l'*Esprit des Loix ?*

Au reste, sur l'idée que Montesquieu s'était faite
des devoirs d'un Magistrat, on peut consulter un
discours prononcé à une rentrée du Parlement de
Bordeaux, imprimé dans quelques éditions de ses
Œuvres.

———

4. Celui qui serait tenté de répéter encore que
l'homme est le même par-tout, qu'il a par-tout
exactement les mêmes besoins, les mêmes désirs &
les mêmes forces, qu'il a été dans tous les temps &
dans tous les pays agité des mêmes passions, séduit
par les mêmes préjugés, ébloui ou trompé par des
espérances & des erreurs semblables, cet homme n'a

qu'à jetter un coup d'œil fur les fiècles écoulés &
fur l'état actuel du globe.

Depuis les premiers temps connus, les nations fe
font heurtées, mêlangées ou détruites ; les vertus,
les lumières, les opinions, les erreurs & les crimes
ont parcouru la terre, fe font combattus & fe font
chaffés fucceffivement de tous les pays, s'y font
remplacés ou réunis tour à tour. Tant d'événemens
& de révolutions n'auroient-ils laiffé aucunes traces,
n'auraient ils influé en rien fur le caractère des peuples ? N'eft-il rien réfulté des différentes impulfions
qu'ils ont dû communiquer aux efprits ? Un affez long
calme a t'il fuccédé à ces longues fermentations pour
que l'uniformité foit établie par-tout, ou pour que les
nuances fe touchent & fe fuccèdent régulièrement ?
D'un autre côté, le bonheur ne tient-il à aucune de
ces différences ?

Mais le bonheur, où le trouver ? dira-t'on : fur
quel coin de la terre l'œil du voyageur pourra t'il fe
repofer avec plaifir ? Ne verra-t'il pas par-tout l'homme aux prifes avec la douleur, ajoutant aux maux
phyfiques & réels tous les maux de la prévoyance &
de l'imagination, ne pouvant pas plus fouffrir la liberté que l'efclavage, & fe battant encore avec fes
chaînes ; par-tout des êtres faibles fe heurtant au
lieu de s'entr'aider fur la route de la vie, contra-
riant fans ceffe les vues de la nature, & empoifonnant
fes bienfaits ? Quels rêves peuvent confoler le fage
ifolé, que le fpectacle du mal vient effrayer par-tout
& qui ne peut que gémir ? Et en général qu'ont pro-

duit & que peuvent produire les spéculations, les livres & même l'experience, pour le bien de ces êtres qui paraissent si irrésistiblement entraînés vers l'erreur ou l'infortune ?

Si ces réflexions doivent affliger trop souvent l'homme sensible, parcourant la terré pour observer les hommes, d'autres points de vûe peut-être lui offriront d'autres idées non moins vraies & plus consolantes. Tous les préjugés contrariés par d'autres, la force des usages & des habitudes combattue par des habitudes différentes, réfutée par des raisonnemens & des exemples contraires ; tel abus révéré dans tel pays, se trouvant méprisé dans un pays voisin, & remplacé par un établissement utile ; la raison, luttant ici avec des forces inégales contre l'ascendant d'une vieille absurdité, plus forte ailleurs, & triomphant de tous les sophismes de la routine ou de l'intérêt personnel ; par-tout l'exemple de quelque institution sage, inconnue au plus grand nombre des nations ; tous les moyens de bonheur exécutés séparément sur quelque point de la terre ; quels tableaux consolans, quelles vues encourageantes ! De semblables leçons ne suffiront-elles pas enfin pour éclairer l'homme de tous les pays, lui apprendre à ne plus confondre l'ouvrage de la nature avec le sien, pour lui rendre l'espoir du mieux, & l'empêcher de se résigner à souffrir toujours, parce qu'il a long-temps souffert ?

—

5. Voilà évidemment ce que Montesquieu, a

voulu faire, & ce qu'il a fait. Des gens qui cherchaient apparemment toute autre chose, ont été très-surpris de ne pas trouver dans son livre ce que l'Auteur n'avait pas voulu y mettre, & lui ont presque fait un crime de n'avoir pas fait un autre ouvrage que le sien. Au reste, ceux qui pourroient douter encore du véritable esprit de ce livre, en croiront sans doute l'Auteur lui-même.

,, Ceux qui auront quelques lumières verront du
,, premier coup d'œil que cet ouvrage a pour objet
,, les loix, les coutumes & les divers usages de tous
,, les peuples de la terre. On peut dire que le sujet
,, en est immense; puisqu'il embrasse toutes les insti-
,, tutions qui sont reçues parmi les hommes; puis-
,, que l'Auteur distingue ces institutions; qu'il examine
,, celles qui conviennent le plus à la société & à
,, chaque société; qu'il en cherche l'origine; qu'il
,, en découvre les causes *physiques & morales*; qu'il
,, examine celles qui ont un degré de bonté par
,, elles-mêmes & celles qui n'en ont aucune; que
,, de deux pratiques pernicieuses il cherche celle qui
,, l'est plus & celle qui l'est moins; qu'il y discute
,, celles qui peuvent avoir de bons effets à cer-
,, tain égard, & de mauvais dans un autre; il a cru
,, ses recherches utiles, parce que le bon sens con-
,, siste beaucoup à connaître les nuances des choses.
Déf. de l'Esp. des L. deuxième partie.

Sans doute il n'est pas possible de mieux exposer les intentions & les vues de l'Auteur de l'Esprit des Loix; & je me serais dispensé d'écrire le morceau

qui dit à peu près les mêmes chofes, fi je m'étais
rappellé, ou fi j'avais retrouvé plutôt celui-ci.

Je ne fais plus où j'ai trouvé une anecdote qui
auroit bien befoin d'être prouvée pour être
crue.

MONTESQUIEU, dit-on, ayant confié le manufcrit
de l'Efp. des Loix à fon ami *Helvetius*, celui-ci,
après l'avoir lu, lui confeilla de le jetter au feu.
Quoi qu'il en foit, cette différence de vues entre
deux hommes d'un grand mérite, ne ferait peut-
être pas inexplicable. Les principes des loix entraient
auffi pour quelque chofe dans le plan des ouvrages
d'*Helvetius*, & il les reprenait de fort haut. MON-
TESQUIEU au contraire partait des faits. L'un cher-
chait une théorie, l'autre avait fait une hiftoire.
Cette différence avait pu échapper au très-févère ami.
Le principe par lequel *Helvetius* prétend expliquer
toute l'énigme de l'homme, celui de l'intérêt per-
fonnel, excellent peut être en politique ou en légiflation, a paru un peu défolant en morale; & on a
reproché à l'Auteur de l'avoir pouffé au point de
calomnier l'humanité. Mais tout cela exigeroit plus
d'explications que nous n'en pouvons donner ici.

L'Auteur d'un nouvel Ouvrage fur *la légiflation*,
dont on vient de traduire les premiers volumes de
l'Italien en Français, M. *Gaetano Filangieri*, expofe
aïnfi la différence de fon plan avec celui de MON-
TESQUIEU.

,, Il eft bien étonnant, dit-il, que dans ce grand
,, nombre d'Ecrivains qui fe font confacrés à l'étude

„ des Loix........ chacun d'eux n'ait confidéré qu'une
„ partie de cet immenfe édifice ; que plufieurs,
„ comme MONTESQUIEU, n'aient raifonné que fur
„ les chofes *telles qu'elles font ou qu'elles ont été* , fans
„ examiner *comment elles auraient dû être* ; que per-
„ fonne enfin n'ait encore donné un fyftême complet
„ & raifonné de légiflation , & n'ait réduit cette
„ matière à une fcience conftante, uniffant les
„ moyens aux règles , & la théorie à la pratique.
„ Ce fera l'objet de mon Ouvrage. „

Voilà une diftinction bien nette. Mais fans examiner fi elle eft auffi marquée dans l'exécution des
deux Ouvrages , qu'elle eft clairement énoncée dans
celui-ci , on conviendra qu'il fallait commencer par
où MONTESQUIEU a commencé.

On devine bien au refte que fur le même objet ,
deux plans qui néceffairement doivent fe toucher en
tant de points, doivent rentrer auffi quelquefois l'un
dans l'autre. MONTESQUIEU n'a pas fans doute employé vingt ans à étudier & rapprocher les loix de
toutes les nations, fans chercher à diftinguer les
bonnes des mauvaifes, c'eft-à-dire, fans comparer
fouvent *ce qui eft* ou *ce qui fut*, à ce qui *aurait dû*
& à ce qui devrait être. D'un autre côté il eft impof-
fible de combiner & d'expofer un nouveau fyftême
de légiflation, un nouveau code, fans le rapprocher
de ceux qui exiftent ou qui ont exifté . Ainfi M. *Fi-*
langieri, obligé de repaffer fouvent en revue les
mêmes objets, a dû être forcé quelquefois auffi,
comme il l'annonce, de s'approprier des chofes qui

appartenoient autant à son sujet qu'à celui de Montesquieu. D'ailleurs si l'on pense aux nouvelles lumières que la discussion & l'expérience ont dû fournir
depuis trente à quarante ans, on conviendra que
même avec un but & des intentions moins distincts,
il aurait pu suivre encore à peu près le même ordre
& faire néanmoins un livre très-neuf.

Au reste je ne prétends pas, & ce serait trop se
hâter, juger ici ce savant & éloquent ouvrage, qui a de
commun avec l'*Esprit des loix*, de contenir beaucoup
d'importantes & utiles vérités, exposées aussi avec
beaucoup d'intérêt, quoique d'un style très-différent.
Mais je ne crois pas les observations précédentes
inutiles, à qui voudra être juste en le jugeant. Il
m'est d'ailleurs tombé un peu trop tard sous la main,
pour que je puisse multiplier ici les rapprochemens
& les réflexions.

———

6. Il seroit assez difficile de fixer sans doute le
vrai moment de la gloire pour tel ou tel écrivain,
dont les ouvrages sont le plus remarquables, ou par
le style, ou par les idées. Le moment où tel livre
excite le plus de sensation par la foule des vérités
importantes & neuves qu'il contient, est aussi celui
de la contradiction. Après la mort d'un auteur cé-
lèbre, l'envie se tait, mais l'admiration est aussi or-
dinairement plus calme. Il peut même arriver un temps
où les idées qui lui appartiennent le plus, devenues en quelque sorte communes par la circulation,
n'excitent presque plus d'étonnement & finissent par

être confondues avec toutes celles qui forment pour ainsi dire, le fond de la raison générale. On a vu quelquefois l'idole de tel siècle devenir la risée du siècle suivant : *Montaigne*, au contraire, n'a été bien connu & bien apprécié que dans celui-ci. Mais ces espèces de révolutions, assez fréquentes aux époques que l'on peut regarder dans chaque contrée comme l'enfance du génie, le sont beaucoup moins dans un siècle éclairé ; & elles sont d'ailleurs, beaucoup moins à redouter aussi pour les ouvrages de raisonnement, que pour les ouvrages de goût.

———

7. " Comme on distingue les *climats* par les de-
" grés de latitude, on pourroit les distinguer par
" les degrés de sensibilité. L. XIV., chap. 2. "

Voici un des articles de l'Esprit des Loix, qui a excité le plus de mal entendus. D'abord, il faut convenir que dans le détail de ses observations, l'auteur a fait de ses principes quelques applications, & en a tiré quelques conséquences, peut - être un peu douteuses ou arbitraires ; & il n'étoit pas difficile de trouver un certain nombre de faits qui parussent le contrarier. Par exemple, on a beaucoup répété à propos de l'Esprit des Loix que les *Grecs*, autrefois libres, sont aujourd'hui esclaves, & que la postérité des maîtres du monde est à peu près autant avilie ; ce que certainement MONTESQUIEU n'ignorait pas. Mais en tirant de ces faits des conséquences à peu près opposées à quelques propositions générales de l'auteur, on oubliait toutes

les modifications ou les reſtrictions que lui-même
y avoit miſes, on confondoit toutes les cauſes dont
il avoit diſtingué les effets, on changeait la queſ.
tion, on critiquait enfin… comme on critique.

On a dit encore que cette idée ſur l'influence des
climats appartenait à *Bodin*, qui a écrit il y a en-
viron deux ſiècles. J'ai été curieux de vérifier le
fait, & j'ai trouvé en effet dans la *République* pluſieurs obſervations qui ont pu ſervir de baſe aux
méditations de Montesquieu, & quelques-unes
même aſſez bien préſentées. Mais que l'on juge par
cette ſeule phraſe de Bodin, combien il a ſu mêler
d'abſurdités à quelques bonnes vues.

« Les Athéniens, Epheſiens, Mileſiens, dit-il,
» étoient beaucoup plus doux & plus traitables;
» auſſi étoient-ils plus *orientaux*. Au contraire, les
» Siracuſins, Florentins & Carthaginois étoient plus
» félons & plus rebelles, qui étoient plus *occidentaux* »

Voilà où conduit la fureur de tout expliquer. On
peut juger d'après cela, ſi une grande vérité appartient à celui qui ſait ſi bien la défigurer. Au reſte,
il ne ſeroit peut-être pas difficile avec un peu de
patience, de trouver beaucoup plus haut que Bodin
le germe du ſyſtème que Montesquieu a développé,
& dont les idées principales auroient dû être placées
peut-être, à la tête de ſon ouvrage. Ceux qui voudront achever de connoître l'influence du phyſique
ſur le moral de l'homme, n'ont qu'à conſulter le
ſublime hiſtorien de la nature. Mais on ne peut
conteſter à Montesquieu le mérite d'avoir ſenti

l'un des premiers, que l'hiftoire morale & politique doit être appuyée fur l'*Hiftoire naturelle*.

—

8. La plupart des écrivains qui ont eſſayé de retracer l'hiſtoire de l'homme primitif, & d'expliquer l'origine des ſociétés, le plus intéreſſant même & le plus éloquent de tous, celui qui a déployé dans ce tableau le plus d'imagination & de génie, font partis de l'hypothèſe la plus éloignée ſans contredit de l'état aſtuel, & conféquemment la plus difficile à concilier avec les faits. Quelques hiſtoriens anciens nous avoient montré, à l'arrivée des colonies Egyptiennes, Phéniciennes ou Grecques, la *Grèce* & l'*Italie* occupées par une race d'hommes errans, ſans liaiſons, ſans communications, ſans habitations fixes; enfin, beaucoup plus *ſauvages* que ne le font aujourd'hui les *Hurons*, les *Eſquimaux* & tous les ſauvages des deux extrêmités de l'Amérique, que l'on a trouvés au moins en famille, ſe retirant fous des huttes, & formant une eſpèce de ſociété. C'eſt cet état de diſperſion & d'iſolement que l'on a toujours appellé, d'après les Grecs : *Etat de nature*. L'on ne s'eſt pas aviſé d'examiner ſi ces Phéniciens ou Egyptiens, qui trouvèrent tant de Sauvages dans les terres nouvelles où ils cherchaient un aſyle, defcendaient eux - mêmes d'hommes auſſi ſauvages; & c'eſt ce que l'éloquent Génévois, d'après *Thucidide*, *Hérodote* & *Lucrece*, femble avoir toujours ſuppoſé.

Comment les hommes font-ils parvenus à s'aſſo-

cier, à se former des loix, un langage ? Voilà ce
qu'en effet il n'était pas aisé d'expliquer d'après
cette première supposition. Mais pourquoi n'a-t on
pas examiné plutôt, si en effet l'homme n'est point
né par-tout en société ? On auroit vu peut-être, que
l'union si naturelle des époux & des enfans, la société de famille, nécessairement prolongée dans un
climat tempéré, sur un terrein fertile, n'a pu se dif-
soudre que dans des pays plus stériles & plus froids ; que
des hommes, jetés par hasard dans une terre nouvelle, sous un ciel plus dur, & dispersés par le besoin, avant d'avoir trouvé les arts convenables à leur
nouvelle position, ont pu perdre enfin le souvenir
de leur état primitif, du véritable *état de nature*, mais
jamais cependant au point où les historiens Grecs
l'ont supposé.

Il n'est pas étonnant au reste que dans le premier enthousiasme produit par le spectacle des sociétés
& des machines politiques, mues ou affermies par
les loix, & déjà embellies par les arts, les premiers
écrivains se soient plûs à charger le tableau
de l'état sauvage qui avait précédé les législateurs,
les historiens & les poëtes. Quoiqu'il en soit,
je crois sur cet objet, & sur toute cette partie de
l'histoire de l'homme, la distinction des *climats* très-
importante.

Je ne dois pas dissimuler néanmoins que sur l'application je me trouve ici à peu-près en opposi-
tion avec Montesquieu ; « ce qui fait, dit il,
« (liv. XVIII, chap. 9.) qu'il y a tant de nations

» sauvages en Amérique, c'est que la terre produit
» d'elle même beaucoup de fruits dont on peut se
» nourrir.... »

L'Auteur des *Recherches sur les Américains* qui cite
ce passage, observe 1°. qu'il suppose comme vrai
ce qui est faux, 2o. que MONTESQUIEU conclut ce
qu'il n'est pas possible d'en conclure. Nulle part en
effet, l'avarice de la nature n'a été plus marquée
qu'en Amérique, les indigènes y ont continuellement
à combattre contre la disette, &c.

» Une nation qui possède un terrein abondant en
» fruits s'humanisera bien plutôt qu'une horde située
» sous un ciel âpre & sur une terre frappée de sté-
» rilité : « aussi voit-on que telle a été la marche de
» l'esprit humain & la naissance successive des sociétés:
» elle a suivi la gradation des climats & la fécondité
» du sol. Sur les rives fortunées de l'*Inde* & du *Gange*,
» plantées de figuiers, de palmistes & de cocotiers, les
» hommes ont été réunis & civilisés, infiniment plu-
» tôt que les habitans des forêts de la Souabe & de
» la Westphalie, qui broutaient des glands, il n'y a
» que quelques années. — Ce n'est donc pas la fertilité
» du climat qui retient l'homme dans la vie sauvage,
» c'est au contraire le défaut de subsistance qui l'em-
» pêche d'en sortir... « Tom. I., p. 90. On sait
que cet écrivain, qui aime beaucoup à contredire,
n'est pas toujours à beaucoup près aussi heureux.

———

9. Il ne paroît pas douteux qu'en parcourant le
Globe, en observant l'état actuel des Hordes, des
Peuplades

Peuplades ou des nations qui l'occupent , on ne
retrouvât à peu près la marche , les ftations , les
efforts & tous les degrés par où l'on fuppofe que
l'efpèce humaine a paffé avant d'arriver au point
de civilifation & de lumières où nous nous enor-
gueilliffons , & où quelques philofophes nous ont
plaints d'être parvenu. De cette manière , on retrou-
verait , pour ainfi dire , toute l'hiftoire du genre
humain , écrite encore fur la furface de la terre.

—

10. » Quelquefois le climat eft plus favorable que
» le terrein; le peuple s'y multiplie , & les famines
» le détruifent. » Et l'Auteur cite pour exemple
la Chine V. I. 23 , ch. 16.

Sur l'influence des climats & des terreins , voyez
dans l'Efprit des Loix les livres XIV , XV , XVI ,
XVII , XVIII , après lefquels on pourrait lire ce
femble , le XXIIIme. fur la population.

MONTESQUIEU y développe de fuite toutes les
applications & les conféquences de fes principes , que
nous avons cru pouvoir préfenter fucceffivement , en
fuivant la marche générale de la fociété & des fyftè-
mes politiques.

—

11. Un fage , calculant les biens & les maux de
la fociété , demandait à quel degré de civilifation
il ferait à défirer que l'efpèce humaine fe fût arrê-
tée & fixée. Sans doute dans tous les pays de la
terre, l'époque où l'homme a pu être le plus heureux , eft celle où il a été le plus jufte envers la

compagne de sa vie, celle où il a confié à l'amour
& à la beauté la plus grande portion de son bonheur. Cette époque est pour l'espèce comme pour
la société, ce qu'est pour l'individu le temps de la
jeunesse : & quel homme ne voit pas fuir avec
regret cet âge d'illusions ?

——

12. Que les premiers habitans de tel ou tel pays
soient chasseurs, ou pasteurs, ou fixés, ou nomades,
cette alternative est évidemment déterminée par la
nature, c'est-à-dire par le climat & par le sol.
Il est probable que l'agriculture & les arts, naîtront
plutôt chez les peuples pasteurs, & qu'ils seront
plutôt fixés. Il en est de même pour les conventions
& les loix. Cependant plus on réfléchit sur les faits,
plus on est porté à se défier des systêmes. Les *Pasteurs* d'Arabie, les *Chasseurs* du Canada, sont à peu
près aussi errans les uns que les autres, &, ce qui
paraîtra plus étonnant, ceux ci ont une culture, &
la plupart des premiers n'en ont pas. Les anciens
Germains cultivaient aussi, & ils changeaient d'ha-
bitation tous les ans; il en est de même de plusieurs hordes Tartares : voyez la note 17. Quoiqu'il en soit, dans aucune des ces positions, l'origine des loix ne paraîtra aussi difficile à expliquer,
qu'elle le serait d'après l'hypothèse de cet état,
appellé *Etat de nature*. L'essentiel est de distinguer
& de n'admettre exclusivement aucune explication.
Chez tous les peuples qui se sont formés eux mêmes,
(je ne parle pas de ceux qui l'ont été par d'autres

peuples , ou plus anciens ou mieux placés ,) de longues querelles ont dû précéder par-tout les premières conventions.

Dans telle contrée sauvage , le premier couple que le même intérêt arma & réunit contre les animaux, ennemis ou victimes éternelles de l'homme, si la chasse fut malheureuse, fut inévitablement divisé au moment du partage; & dans ce cas-là, nécessairement la force fit la loi.

Des hordes de *Chasseurs* , après s'être rencontrées & battues plusieurs fois, ont pu fixer pour séparation entr'elles les rives de tel fleuve. Ainsi le droit des *Gens* précéde ici le droit & le pouvoir *politique*.

Une dispute un peu vive sur des troupeaux mêlés dans un pâturage , ou sur la récolte de tel arbre chargé de fruits , a pu faire placer la première borne , creuser le premier fossé, planter la première haie, élever le premier mur. Ainsi l'idée de *propriété* , même *foncière* , a pu en certains lieux précéder l'idée de culture; & le *Droit civil* naître avant le gouvernement.

D'autres peuplades travaillant , récueillant , jouissant en commun, ont été gouvernées, ont cultivé la terre , sans avoir même l'idée de *propriété mobiliaire*.

Chez tel peuple *Cultivateur* , ou *Chasseur* , ou *Pasteur* , deux hommes divisés d'intérêts, voulant & ne pouvant s'accorder sur leurs prétentions & sur leurs droits , choisissent des arbitres : & si le condamné refuse de se soumettre au jugement, les juges alors peuvent fe liguer contre lui avec fon adverfaire.

Dans telle autre occafion, les fimples témoins d'un traité en ont dû être les garans.

Ailleurs un homme vigoureux, enlevant ouvertement les provifions de fon voifin plus faible ; deux brigands attaquant lâchement un feul homme, doivent réunir contre eux tous les témoins de cette injuftice ; & ceux-ci, avant de fe féparer, jurent folennellement de fe raffembler de même au premier fignal.

Il eft une autre hypothèfe, où l'origine des loix & du pouvoir femble bien plus aifée encore à imaginer; c'eft celle d'une famille ifolée, croiffant & fe multipliant fous les yeux & fous l'autorité d'un feul chef. Mais après la mort de ce chef, plus d'autorité, à moins qu'elle ne foit élective, ou que le choix du mort ne foit refpecté de fes héritiers, ce qui ne peut durer très-long-temps. Du moins ayant conçu une fois & confervant l'idée d'un pouvoir paffager, ils fentiront plutôt la néceffité de le rendre durable, & ils s'y foumettront plus volontiers.

Chez telle nation plus fière, l'indépendance a dû être défendue plus long temps, & la foumiffion a dû être précédée de longs défaftres. Chez un tel peuple toutes les querelles d'individus font des querelles de familles ; l'infulte eft repouffée, ou foutenue, ou punie par la force; la vengeance éternife les haînes & les guerres jufqu'à l'extinction des races ennemies. Cet état de guerre produit des confédérations partielles, la nation n'eft qu'un affemblage de pro-

tecteurs & de protégés, d'opprimés, d'oppreſſeurs,
juſqu'à ce que l'un des chefs acquière aſſez de crédit
ou de pouvoir pour interpoſer ſon autorité dans
toutes les querelles, déſarmer les familles, & réta-
blir l'unité ſur les débris de l'anarchie. On reconnaît
là ſans doute, l'hiſtoire des *Seigneurs*, des *Vaſſaux*,
des *Leudes*, des *Suzerains*, des *Avoués*, & les temps
nébuleux de notre Hiſtoire moderne.

———

13. Tant de ſiècles & tant de travaux n'ont-ils
pas encore achevé d'effacer ſur la terre les dernières
traces de l'antique & primitive ſimplicité ?.... Non
ſans doute. Et qui voudra jouir du ſpectacle, je ne
dis pas de l'état de nature, mais de la ſociété au
berceau ; qui voudra contempler encore l'innocence
& la liberté réunies, peut lire *Tacite* ou *Cook*, ou
parcourir les Alpes.

———

14. Ce ſerait ici le lieu de placer pluſieurs obſervations ſur quelques opinions haſardées, quelques faits erronés, quelques citations inexactes,
quelques principes obſcurs ou arbitraires que l'on
a reprochés à MONTESQUIEU ; reproches que nous
n'avons pas du tout penſé à diſſimuler, mais qui ne
tombant que ſur des détails, ne pouvaient être placés
ni diſcutés dans le texte, où il s'agiſſait ſur tout
d'embraſſer & de bien marquer l'enſemble.

Il était impoſſible qu'en conſultant un ſi grand
nombre d'écrits, raſſemblant tant de matériaux &
tant de faits ſur les uſages de tous les peuples connus,

MONTESQUIEU ne fût quelquefois égaré par les récits de quelques voyageurs exagérateurs ou distraits, ou qu'il ne fût quelquefois mal servi par sa mémoire.

Voltaire a pris la peine de rassembler une liste d'erreurs de cette espèce, qu'il aurait pu grossir beaucoup avec un peu plus de patience, & dont il tire plusieurs conséquences assez sévères contre MONTESQUIEU, à qui d'ailleurs il a rendu beaucoup plus de justice en d'autres endroits de ses écrits. Au reste, l'erreur la plus importante qu'il relève, est l'opinion de MONTESQUIEU sur la *vénalité des Charges*, opinion que personne assurément ne sera tenté de justifier.

Un écrivain qui a employé beaucoup de temps & beaucoup de talens à guerroyer, a cru que MONTESQUIEU avait dit un peu trop de bien de quelques constitutions européennes, & beaucoup trop de mal, non pas du *Despotisme*, mais des gouvernemens orientaux, & même aussi de l'*Esclavage personnel*. Mais nous ne pensons pas que son éloquence lui ait fait sur ces deux objets assez de prosélites, & nous ne savons pas assez d'ailleurs, jusqu'à quel point ses malheurs ont pu influer sur ses opinions, pour croire que son ancien goût pour les muets & la haute justice des serrails, ait aujourd'hui besoin d'être contrarié.

Au reste, il serait très-consolant sans doute d'apprendre que, comme on l'a cru, la moitié de l'espèce humaine n'est pas en effet vouée au despotisme. Mais à en juger d'après les observateurs, qui depuis ont été à portée de mieux voir, par exemple, par les Mémoires très-piquans & très intéreſſans *du Baron de Tott*, il n'y a pas encore grand'choſe à changer juſqu'ici, à l'idée que MONTESQUIEU nous avait donnée du gouvernement Turc, & en général des gouvernemens Aſiatiques. Sans doute on en ſaura ſur-tout cela d'avantage, après la publication d'un nouvel ouvrage ſur les Turcs, annoncé depuis peu, & qui doit avoir, dit-on, pluſieurs volumes in 4.^e

Quant aux autres reproches faits à l'*Eſprit des Loix*, ils ne tombent guères que ſur quelques chapitres des premiers livres. Par exemple, MONTESQUIEU a expliqué pluſieurs fois la diſtinction des mots *honneur & vertu*. Mais il aurait pu faire ſentir davantage, ce ſemble, en quels cas ces deux ſentimens pouvaient être communs à toutes les formes de gouvernement, ou appartenir excluſivement à quelques unes.

La manière dont il parle du *Deſpotiſme*, a paru préſenter quelquefois auſſi des idées peu juſtes. Par exemple, il le définit : un gouvernement où un ſeul homme poſſède tout & peut tout : pourquoi appeller cela un gouvernement ? n'eſt ce pas là la ſubverſion de toutes les loix & de tous les droits ? ne vaudrait-il pas autant appeller l'anarchie ou la guerre civile un gouvernement ?

Dans un pays où il n'y a qu'une ſeule volonté, une ſeule puiſſance, où le peuple n'eſt rien, où les individus n'ont ni propriété, ni volonté, où tout eſt eſclave, ſans doute il n'y aura ni *honneur*, ni *vertu*. Pourquoi dire qu'*il n'en faut pas* ? Pourquoi ne pas dire plutôt qu'il ne faut pas de deſpote, ni d'esclaves ? Au reste on sait bien quelle était l'idée de MONTESQUIEU. Mais il n'y avait pas là d'inconvénient à être clair.

Ce sont quelques tournures de ce genre & quelques idées générales, rendues peut-être d'une manière trop vague & trop abstraite, qui ont jeté de l'obscurité sur quelques chapitres de l'*Esprit des Loix*, & malheureusement ces chapitres sont les premiers.

—

15. MONTESQUIEU observe que la Démocratie ne peut guères convenir qu'aux petits états, d'où il suit qu'une république en s'agrandissant, risque toujours sa liberté, & court au despotisme. Mais d'un autre côté, comment des républiques pourront-elles concilier leur sûreté avec la liberté, & acquérir sans danger autant de consistance & d'étendue qu'il en faut pour résister à d'autres puissances, qui ont sur elles la supériorité de la masse ? Le seul moyen c'est la *confédération*. Or, cette association, dit MONTESQUIEU, n'est pratiquable qu'entre républiques.

Autre observation relative aux *climats* & aux *terreins*. Les empires s'étendent bien plus rapidement dans les pays chauds, dans les grandes terres peu coupées par les mers ou les montagnes. Le despotisme y trouve aussi moins de résistance & plus de facilités.

—

16. " L'Asie a été subjuguée treize fois, onze fois, " par les peuples du nord. ... Dans les temps recu- " lés, les *Scithes* la conquirent trois fois, ensuite

» les *Médes* & les *Perses*, chacun une, les *Grecs*,
» les *Arabes*, les *Mogols*, les *Turcs*, les *Tartares*,
» les *Persans* & les *Agnans*. Je ne parle que de la
» haute Asie... » *Esp. des Loix*, l. *XVII*, chap. 4.

———

17. Lisez les mémoires du *Baron de Tott*, & vous
verrez que rien ne ressemble plus aux *germains* de
Céfar ou de Tacite, que les Tartares d'aujourd'hui.

» Ce n'est qu'aux états assemblés, que les *Mirzas*,
» possesseurs de *fiefs*, sont redevables du service
» militaire....

» On ne connait point chez les *Nogais*, les
» distinctions de propriété territoriale, & ces peu-
» ples pasteurs, uniquement occuppés de leurs
» troupeaux, leur laissent la libre jouissance des plaines
» qu'ils habitent, & se bornent aux seules limites
» marquées entre les hordes voisines.

» Retirés pendant l'hyver dans les vallons, les
» *Mirzas*, y perçoivent, chacun dans son *Aoul*,
» (fief), la redevance en bestiaux & en denrées
» qui leur est dûe. Lorsque la saison permet d'ense-
» mencer, ils se transportent avec les cultivateurs
» dans la plaine, choisissent le lieu de la culture, &
» en font le partage entre leurs vassaux........ »
Agriculturæ non student, majorque pars victûs eorum
lacte & caseo & carne consistit : neque quisquam agri
modum certum, aut fines proprios habet, sed magistra-
tus ac principes, in annos singulos, gentibus cognationi-
busque hominum qui unà coïerunt, quantum eis & quo
loco visum est, attribuunt agri, atque anno post alio

transfire cogunt. . . . » Ne croirait on pas que César parle ici des *Nogais*, & autres habitans du Boristhène?

—

18 Que d'objets à distinguer dans cette histoire obscure, & d'objets également difficiles à saisir? Pour suivre en effet les traces de toutes les nations dont le mélange a formé ces différens corps à tant de bras & à tant de têtes, ne fallait-il pas connaître avec certitude l'état politique de chacune de ces nations, avant la conquête? Par exemple, la condition des Gaulois, avant l'arrivée des Romains, les différentes formes de toutes ces petites républiques indépendantes, qui la partageaient, ce que les premiers vainqueurs ont laissé à chacune d'elles, de leurs prérogatives & de leurs priviléges, ce qu'elles en avaient recouvré ou perdu après les révoltes: il fallait distinguer le droit des gens, ou plutôt les différentes loix militaires des barbares conquérans qui les suivirent; les différentes conditions qu'imposèrent ceux-ci, à chaque parcelle qu'ils enlevèrent successivement à cet empire immense; leur dureté proportionnée à la résistance qu'ils éprouvaient; leurs capitulations ou traités, avec les Gouverneurs Romains, ou avec les cités restées ou redevenues libres, comme les *Armoriques*; il fallait examiner ce que tel peuple conquérant & tel peuple conquis, avaient perdu ou gagné au nouvel ordre des choses; par exemple, si les Rois *Francs*, *Visigoths*, *Bourguignons*, avaient succédé à tous les

droits des Empereurs, fi les Gaulois étaient devenus
plus libres, à quelles époques & par quelle gradation, les *Francs* avaient ceffé de l'être. Enfin, il
fallait diftinguer, pour chaque pays, pour chaque
peuple, & même à chaque conquête, les change-
mens produits fur chacun de ces trois objets. 1.º *La*
fouveraineté fi mal connue des chefs ou foldats,
compagnons ou vaffaux de Pharamond ou de Clovis.
2.º *La liberté perfonnelle*, fi peu refpectée même chez
les Gaulois indigènes, & fi cruellement outragée
par les Romains. 3.º *La propriété*, à peine connue
dans les forêts ou dans les vaftes paturages de la
Germanie, & depuis fi prodigieufement décompofée
par les *inféodations*, *cens*, *arrière-cens*, & cette foule
de conventions & de *fervitudes réelles*, dont la nomen-
clature eft fi étendue, & dont l'enfemble compofe
& furcharge encore aujourd'hui notre *droit coutumier*.
— Qu'on nous permette fur chacun de ces points,
quelques obfervations très-courtes.

1.º Il eft probable que trouvant à leur arrivée,
une machine encore à peu près montée, les conquérans en confervèrent ce qu'ils purent, & en
dirigèrent les refforts comme ils l'entendirent,
jufqu'à ce que leur groffière ignorance parvînt à
tout brouiller, & que le mélange des peuples &
des loix, rendit ce méchanifme ou plutôt cette
confufion inextricable. Il eft probable auffi que les
compagnons de l'entreprife ne tardèrent pas à s'ap-
percevoir qu'en s'enrichiffant, ils s'étaient donné
des chaînes, & qu'ils tâchèrent de les fecouer le

plutôt & le plus souvent qu'ils purent. Le génie de Charlemagne, réussit presque à établir une apparence d'*unité* ; mais cet ensemble formidable, ne tarda pas à se dissoudre dans les faibles mains de ses successeurs. De-là cette division, cette décomposition presque universelle de la *souveraineté*, cette confusion de droits anciens & de prétentions nouvelles, de droits conservés, & de droits usurpés, de titres oubliés, & de traités arrachés par les armes, enfin cette multitude de fils imperceptibles, & de liens si fragiles qui retenaient à peine tous les membres d'un corps presque dissous, & toute cette anarchie, agitée par une fermentation si longue.

2.° La distinction de deux classes d'hommes *libres* & *serfs*, antérieure dans les Gaules, même à la conquête des Romains, connue chez ceux-ci & même chez les Francs, sous des formes différentes, & par-tout plus ou moins contraire aux droits imprescriptibles de l'humanité, cette distinction fut très-peu modifiée à chaque invasion. Partiellement abolie en France, sous *Charles le Gros* & ses successeurs, elle a résisté en *Russie* & en *Pologne* aux réclamations des derniers siècles, & toutes les lumières de celui-ci ont suffi à peine, pour en effacer chez nous les dernières traces.

3.° Il ne faut pas remonter moins haut, pour démêler l'origine de notre *droit civil*, & toutes nos bisares institutions sur la *propriété.* A chacune de leurs conquêtes, dans les différentes provinces qu'ils enlevèrent aux Romains ou aux Indigènes, ou qu'ils fe difputèrent les uns aux autres , après s'être emparés prefque par-tout du domaine fifcal , & fuccédant aux propriétaires qu'ils avaient chaffés ou égorgés, les *Vifigoths* , les *Bourguignons* , les *Francs* , fuivirent dans le partage des terres , différentes règles qui n'ont pas encore été parfaitement dé_ brouillées. Les dons précaires des fouverains & autres grands *terriens* , devenus bientôt héréditaires; les fubdivifions qui furent enfuite entre les *autruf-tions* , *vaffaux* , ou *leudes* , le fceau des confédérations particulières , les *inféodations* accordées par les fei-gneurs, ou propofées par les individus embarraffés d'une dangereufe indépendance , fur tout le mélange même de tous ces *droits* , que nous cherchons à diftinguer , tout cela vint jetter la plus horrible confufion fur les *propriétés foncières* , confufion qui fut augmentée encore à l'époque des premiers *affranchiffemens*.

C'eft à ce troifième objet feulement , c'eft à dire , aux loix concernant la *propriété foncière* , que s'étaient toujours attachés tant de compilateurs ou de com-mentateurs , qui avaient délayé les textes de nos premières coutumes , depuis l'époque de leur rédac-tion ; & c'eft là où MONTESQUIEU s'eft arrêté , après avoir parcouru la fuite des révolutions qui ont modifié & décompofé parmi nous , les princi-paux attributs de la fouveraineté , *le droit de guerre & le droit de juftice*. Voyez les livres XXVIII, XXX & XXXIe. de l'*Efprit des Loix*.

—

19. Tout le monde fait que le règne de Louis XI ,

est en France à peu près la dernière époque du gouvernement *féodal*; & que de ce règne, datte sur-tout l'abaissement des grands vassaux, la destruction de l'ancienne aristocratie & l'unité du pouvoir souverain. On sait aussi que l'histoire de cette époque, écrite par *Duclos*, n'est pas l'ouvrage qui a fait le plus d'honneur à cet écrivain estimable.

——

20. Deux grandes époques dans l'histoire du *Commerce*, l'invention de la *monnoie* & des *lettres de change*. La première qui a pu être trouvée à la fois ou en différens temps, par plusieurs peuples, a été adoptée successivement par tous, à différentes époques, & à différens degrés de civilisation. On doit, comme on sait, l'idée des lettres de changes aux Juifs chassés de France, au XIIIe. siècle. Voyez livres XXII, *des loix dans le rapport qu'elles ont avec l'usage de la monnoie.*

——

21. Nous finirons encore par demander pardon de n'avoir pas montré plus souvent l'homme dans MONTESQUIEU. Entre plusieurs anecdotes qui pourraient augmenter la vénération qu'inspire sa mémoire, deux faits suffiraient seuls pour prouver combien était grande & noble cette âme qui inspira tant de beaux écrits, combien MONTESQUIEU était digne de discuter & de peser les droits de l'humanité. Le premier est cette députation où, représentant son corps, il porta au pied du trône & fit accueillir les plaintes du peuple écrasé par un nouvel impôt.

Le second eſt cet acte de bienfaiſance ſi noble &
ſi délicate qui a fourni, il y a quelques années,
le ſujet d'une pièce de théâtre, dont le fonds était
ſans contredit le premier, mais n'était pas le ſeul
mérite. De pareils faits ne doivent pas être oubliés
dans l'éloge d'un grand homme; mais perſonne ne
penſera ſans doute, qu'ils aïent beſoin d'être embellis
par des efforts d'éloquence.

Ceux qui voudront achever de connaître la perſonne, le caractère & la vie privée de MONTESQUIEU,
le trouveront dans ſes lettres particulières tel ſans
doute à peu près que le voyaient ſes amis dans
l'intimité d'un commerce familier. C'eſt là où l'on
apprendra à aimer le grand homme que l'on eſt
accoutumé d'admirer.

Nous voudrions pouvoir inſérer ici tout entier,
un article imprimé l'année dernière dans un journal,
article extrait d'un ouvrage écrit, dit-on, en 1736,
c'eſt-à-dire avant la publication de l'eſprit des loix.
Voici quelques traits pris au hazard, ſur le caractère
de cette illuſtre Ecrivain.

 « Beaucoup de douceur, aſſez de gaieté, une
,, égalité parfaite, un air de ſimplicité & de bonho-
,, mie, qui vu la réputation qu'il s'eſt déjà faite,
,, lui forme un mérite particulier.... Il a quelquefois
,, des diſtractions, & il lui échappe des traits de
,, naïveté qui le font trouver plus aimable, parce
,, qu'ils contraſtent avec l'eſprit qu'on lui connait.....
,, il fait un uſage charmant de ce qu'il ſait; mais
,, il met plus d'eſprit dans ſes ouvrages que dans ſa

„ converfation , parce qu'il ne cherche pas à y
„ briller & qu'il ne s'en donne pas la peine.... il
„ a conçu de bonne heure du goût pour un genre
„ de philofophie hardie , qu'il a combiné avec la
„ gaieté & la légéreté de l'efprit français, & qui a
„ rendu les *Lettres Perfannes* un ouvrage vraiment
„ charmant....“

" On prétend qu'il fe prépare enfin à publier fon
„ grand ouvrage fur les loix. J'en connais déjà
„ quelques morceaux , qui, foutenus par la réputa-
„ tion de l'auteur , ne peuvent que l'augmenter, mais
„ je crains bien que l'*enfemble* n'y manque ... Nous
„ avons de bons inftituts du droit civil Romain : nous
„ en avons de paffables du droit Français ; mais nous
„ n'en avons abfolument point du droit public , général
„ & univerfel. Nous n'avons point *l'efprit des loix* , &
„ je doute fort que mon ami le Préfident de
„ MONTESQUIEU , nous en donne un qui puiffe fervir
„ de guide & de bouffole , à tous les légiflateurs du
„ monde. Je lui connais tout l'efprit poffible ; il a
„ acquis les connaiffances les plus vaftes tant dans
„ fes voyages que dans fes retraites à la campagne ;
„ mais je prédis encore une fois , qu'il ne nous
„ donnera pas le livre qui nous manque, quoique
„ l'on doive trouver dans celui qu'il prépare beau-
„ coup d'idées profondes , de penfées neuves , d'ima-
„ ges frappantes , de faillies d'efprit & de génie ,
„ & une multitude de faits curieux , dont l'appli-
„ cation fuppofe encore plus de goût que d'étude. "
Ce jugement , vu fa datte , paraîtra fans doute

affez

affez curieux , & l'on voit qu'il ne ferait pas indif-
férent d'en connaître l'auteur. On ne peut lui reprocher
d'avoir tout à fait méconnu les difficultés de l'entreprife , mais s'il en avait bien faifi l'immenfité, peut-
être n'eut-il pas cru inutile d'obferver que l'entière
exécution d'un plan fi vafte , était au-deffus des
forces d'un feul homme. Enfin, s'il a eu le mérite
de bien voir , il faut convenir qu'il n'a pas eu tout-
à-fait au même degré le talent de deviner.

Montesquieu avait probablement achevé de fe
peindre lui-même dans le journal de fes voyages ,
dont on fait qu'il avait commencé la rédaction ,
mais qui n'eft pas encore publié. Quoique le réfultat
de fes obfervations foit déjà configné dans fes autres
ouvrages , tout concourt à faire défirer l'impreffion
de celui-ci; & le fuccès du roman politique *d'Arface* ,
publié il y a deux ou trois ans , contribuera fans
doute à déterminer les perfonnes qui prennent le
plus d'intérêt à fa gloire.

Je crois pouvoir placer ici une obfervation qui
me revient à l'inftant même. J'ai lu ou j'ai entendu
qu'on avait confervé la collection des notes, des
extraits , des difcuffions, dont l'*Efprit des loix* offre
le réfultat & l'enfemble. Ne trouverait-on pas dans
ce recueil, tous les éclairciffemens , les rapprochemens , les développemens que cet ouvrage peut
laiffer à défirer? Et que de fecours ne fourniraient
pas ces manufcrits, fi l'on croyait un commentaire
fur l'*efprit des loix* néceffaire !

H

———

22. Nous devons, comme tout le monde fait, *l'algébre* aux Arabes ; mais *Defcartes* l'appliqua le premier à la géométrie. *Newton*, foumit l'infini à l'analyfe, & il paraît convenu que *Leibnitz*, partagea cette gloire avec lui.

———

23. *D'autres écrivains plus ou moins célébres...* Ce n'eft peut-être pas au génie univerfel & brillant de *Voltaire*, que nous devons le plus d'ouvrages utiles & de vérités neuves. Mais il eft peu de vérités aulli qui ne doivent beaucoup à l'art qu'il avait de tout embellir, & fur-tout de combattre & de ridiculifer la fottife & l'erreur. De tous les objets plus ou moins importans, qui ont occuppé fon fiècle, il en eft peu fur lefquels il n'ait jeté autant d'intérêt que d'agrément & fur-tout celui de la clarté. Ce dernier talent, qui lui eft commun avec *Fontenelle*, il l'a exercé fur des objets finon plus elfentiels, au moins plus attrayans pour le commun des hommes, par leur difficulté même, & par le courage ou l'adreffe qu'ils femblaient exiger, mais qui peut-être aulli perdront infenfiblement de leur intérêt. Je ne parle pas ici des vérités de fentiment, des grandes idées morales auxquelles il a fu donner tant d'effet au théâtre. En général peu d'écrivains ont poffédé comme lui l'art d'écarter les épines des matières les plus abftraites, d'évaluer la véritable importance de chacune, d'en faifir le côté lumineux, & de mettre l'évidence à la place de la

démonſtration. Il eſt pour l'hiſtoire de *l'homme*, ce que Fontenelle avait été pour celle des ſciences exactes ; & l'on pourrait dire de l'un comme de l'autre , que s'ils n'ont pas le plus ajouté à la ſomme des connaiſſances , perſonne n'a autant contribué à les propager, à en répandre le goût , à en accélérer la circulation , & par-là même , à en faciliter les progrès. Quant à ſes torts , ou à ſes erreurs , ils ont été aſſez répétés pour qu'il ſoit permis enfin de les oublier.

Un autre écrivain , avec la ſupériorité de raiſon qui diſtingue les ouvrages hiſtoriques de MONTESQUIEU & de *Voltaire* , a tour à tour porté dans l'hiſtoire , le coloris de *Buffon* , la profonde éloquence & l'énergie de *Rouſſeau*. Il a mis dans la diſcuſſion des droits des peuples, le même enthouſiaſme & la même chaleur que celui-ci avait miſe à défendre les premières vérités de la morale. *Tacite* , n'avait pas avec plus de fierté & de vigueur , *ſignalé* & flétri les tyrans ; & en général aucun hiſtorien ne s'eſt élevé avec autant de courage contre les crimes de l'avarice , de l'ambition , de la ſuperſtition , du deſpotiſme.

En rappellant ici les écrivains qui ont le plus honoré leur ſiècle , & dont la gloire a pu rivaliſer avec celle de MONTESQUIEU , je n'ai point du tout penſé à les comparer , & j'ignore juſqu'à quel point ces eſpèces de comparaiſons peuvent être utiles. Mais malheur à qui ne ſerait point embarraſſé ſur le choix. On peut obſerver néanmoins que MONTESQUIEU , a précédé ces rivaux illuſtres.

H ij

Trois ouvrages originaux & neufs dans des genres très-différens, voilà ses titres. Si l'on voulait faire la liste des bons écrits publiés depuis sa mort, sur toutes les matières dont il a posé les principes, sur *l'économie*, sur le *commerce*, & en particulier sur le *droit féodal* & les *loix criminelles*, cette énumération ne paraîtrait certainement pas étrangère à sa gloire, puisqu'elle achéverait de prouver l'influence qu'il a eue sur son siècle, & la forte impulsion qu'il a donnée aux esprits. Et l'on ne serait peut-être pas injuste en observant que l'on a, sur tous ces objets, tant discutés depuis quarante ans, appris bien peu de vérités importantes, dont on ne trouve au moins le germe dans *l'esprit des loix*.

Quoiqu'il en soit, un des services les plus incontestables qu'il a rendu à son siècle & à l'esprit humain, est une nouvelle manière d'écrire & d'envisager l'histoire. Après tant de Rhéteurs, qui avaient succédé à un plus grand nombre de compilateurs, il a cherché le premier dans les annales du monde ce qu'il est bien temps enfin d'y chercher, les leçons de l'expérience; & il a recueilli sans contredit les plus importantes. De tous les événemens consignés dans l'histoire, ce ne sont point sans doute, les combats ni même les conquêtes qui ont eu une plus longue influence sur le sort des peuples; la politique a fait bien plus que la guerre, & les loix influent bien plus directement, bien plus long-temps encore sur leur bonheur.

Il ne serait pas aisé de déterminer sans doute,

à quel point l'esprit de MONTESQUIEU se retrouve dans les ouvrages plus ou moins célébres, publiés depuis, & qui ont honoré & distingué son siècle Mais dans la dernière postérité, ce ne sera pas un des moindres traits de son éloge peut-être, que d'observer : *les considérations sur les Romains, l'esprit des loix* furent écrits avant *l'histoire générale, l'histoire du commerce*, avant le *contrat social* & les ouvrages de *D. Hume*, de *Robertson*, de *Fergusson*, de *Gibbon*, de *Burlamaqui*, de *Condillac*, de *Beccaria*, de *Mably*, avant les traités sur la *constitution d'Angleterre* & la *Monarchie Française*, enfin, avant les écrits de plusieurs Magistrats illustres, que leur caractère & leurs talens ont rendus également respectables.

— — —

24. Toutes les nations n'avancent pas également vite. Les codes de *Fréderic* & de *Catherine*, parurent quelques années après l'*Esprit des loix*. Ceux de *Léopold* & de *Joseph*, se publiaient presque en même temps que le R. C. M. du P. T. Mais d'autres événemens très-voisins ont paru bien propres à contre-balancer celui-là, & à relever les espérances, sur l'histoire & la théorie des loix *civiles & criminelles*. Voyez les livres VI, XXVII & XXVIIIᵉ. de l'*Esprit des loix*.

— — —

25. Tout le monde sait que la gloire de MONTESQUIEU, se répandit bien plus vite, & fut bien moins contestée chez les étrangers, qu'en France. On peut voir l'article inféré à sa mort dans

les papiers Anglais, par le Lord *Chesterfield*, & que M. d'Alembert, a imprimé à la suite de son éloge. On me permettra de placer ici deux autres jugemens de deux écrivains plus modernes & de la même nation.

Le premier est l'auteur d'un recueil de *lettres sur la France*, M. *John*, *Andrews*.

Auother historical performance of an original nature, is *the Considerations on the rise and decline of Rome*, by the illustrious MONTESQUIEU.

I wil not have the vanity to say any thing in praise of à work that is above all commendation. The concurrent testimony of all Europe has long pronounced it to be the noblest monument of historical wisdom that ever yet appeared. It is read by all nations as a book of oracles; and has left nothing to be added on the subjects it has treated.

The principal production of this extraordinary genius is l'*Esprit des loix*.

Un autre ouvrage historique d'un genre neuf & original (l'Auteur venait de parler de l'histoire du Commerce) sont les *Considérations sur les Romains.*

Je n'ai pas la vanité de vouloir louer un ouvrage au-dessus de tous les éloges. Le suffrage unanime de l'Europe l'a depuis long-temps jugé, comme le monument historique le plus illustre & le plus sage qui ait jamais paru. Il est lu de toutes les nations, comme un recueil d'oracles, & il ne laisse rien à dire sur tous les objets qu'il embrasse.

La principale production de ce génie extraordinaire est l'*Esprit des loix*.

It is incontestably the noblest original in its kind, that was ever produced by the wit of man. It has had the fate of all such works, to be commended by the world at large, and attacked by envy, malice and ignorance.

But there is no necessity for expatiating on à performance of wich the vast utility is so widely acknowledged. Allowing that some faults may be found in it, they are but thinly scattered: its perfections wil meet you in every page. You wil be charmed with this stile, astonished at his learning, and every where improved by the profound wisdom of this observations.

Cet ouvrage est sans contredit dans son genre, le plus noble modèle que l'esprit de l'homme ait encore produit. Il eut le sort des ouvrages de cette trempe, d'être célébre au loin, & d'être attaqué de près par l'envie, la méchanceté&l'ignorance.

Mais il est inutile de s'étendre sur le mérite d'un livre dont l'utilité & l'importance est si généralement reconnue : supposé que l'on y découvre quelques taches, elles y sont très-rares, au lieu que les beautés vous frappent à chaque page. Vous serez également enchanté de son style, étonné de l'étendue de ses connaissances, & éclairé par-tout par la profonde sagesse de ses observations.

L'autre témoignage est plus court & non moins énergique.

As for MONTESQUIEU,

Quant à MONTESQUIEU,

he is an honour to human nature: he is the legislator of nations; his works are read in every country and language; and wherever they go, they enlighten and invigorate the human mind.

il honore la nature humaine; il est le législateur des nations; ses ouvrages sont lus dans tous les pays & traduits dans toutes les langues, par-tout où ils ont pénétré, ils élèvent, éclairent & fortifient l'esprit humain.

A new geographical, historical, an commercial grammar, &c. By William Guthrie.

Géographie historique, &c. Londres, 1777, art. France.

De tous ces hommages, le plus honorable est sans doute celui que rend journellement à MONTESQUIEU, l'un des corps qui représentent la Nation Anglaise. On sait qu'il se trouve toujours un exemplaire de l'*Esprit des loix*, sur une table de la Chambre des Communes.

FIN.

APPROBATION.

J'Ai lu par ordre de Monseigneur le Garde des Sceaux, un Manuscrit intitulé *Observations sur Montesquieu*, & je n'y ai rien trouvé qui m'ait paru pouvoir en empêcher l'impression. A Paris, ce 14 Juin 1787.

DE KÉRALIO.

www.ingramcontent.com/pod-product-compliance
Lightning Source LLC
LaVergne TN
LVHW050624060726
842527LV00004B/1186